무패장사 無敗

하루 매출 0원에서 1시간 매출 100만 원을 달성한 일류 사장의 장사 해법서

무패 장사

초판 1쇄 인쇄 2022년 2월 11일
초판 1쇄 발행 2022년 2월 18일

지은이 박호영

발행인 백유미 조영석
발행처 (주)라온아시아
주소 서울특별시 서초구 효령로 34길 4, 프린스효령빌딩 5F

등록 2016년 7월 5일 제 2016-000141호
전화 070-7600-8230   **팩스** 070-4754-2473

값 17,000원
ISBN 979-11-92072-28-9 (03320)

라온북은 독자 여러분의 소중한 원고를 기다리고 있습니다. (raonbook@raonasia.co.kr)

무패장사 無敗

박호영 지음

RAON
BOOK

같은 곳을 바라보며
힘이 되어주고
믿어주며 응원해주는
사랑하는 아내에게 이 책을 바칩니다.

하늘이 무너져도
솟아날 구멍을 만들었는가?

"하늘이 무너져도 솟아날 구멍은 있다"라는 말이 있다. 아무리 어려워도 살아갈 방법은 있다는 긍정적인 말인데, 과연 현실에서도 그럴까? 식당을 창업한 사람들 중 80퍼센트가 2년 이상 버티지 못하고 문을 닫는 것이 현실이다. 하지만 매우 안타깝게도 여전히 솟아날 구멍이 있다고 믿는 식당 사장님들이 많다.

식당은 누구나 창업하기 쉽다 보니 자고 일어나면 많은 경쟁자가 생긴다. 그 결과 우리나라 인구 70명당 음식점 한 개라는 과당 경쟁 상황이 발생했고, 음식점은 살아남기 힘든 레드오션 영역이 되었다. 어떤 사업 영역보다 경쟁 강도와 구조가 비참하리만큼 냉혹하다. 주변을 살펴봐도 식당을 해서 성공했다거나 돈 좀 벌었다는 사람이 거의 없는데도 새로운 식당은 계속 생겨난다.

이런 상황에서 분명한 것은 누군가는 사람들이 줄을 서는 식당을 만들고 누군가는 망해서 빚을 진다는 것이다. 실패하는 원인은 식당 창업을 너무 쉽게 생각한다는 데 있다. '음식만 맛있다면 잘

될 거야', '그럭저럭 먹고는 살겠지' 하는 막연한 희망으로 겁 없이 시작하는 것이다. 그렇게 차린 식당은 어디에나 있는 그저 그런 음식점일 뿐이다. 제각기 다른 음식을 파는데도 판매 방식, 고객 응대, 하다못해 상차림과 가격까지 비슷하다. 어디 하나 다른 점을 찾을 수 없다. 수백 마리 소떼들 속에서 그 소가 그 소 같은 것처럼 차별화하지 못한다. 이런 식당은 딱히 기억에 남지 않아 입소문을 타기도 어렵다.

이처럼 많은 사람들이 준비 없이 식당 창업을 한다고 해도 무방하다. 남들과 비슷한 식당을 차렸기 때문에 버티지 못하고 '그럭저럭 먹고살 수 있겠지' 하는 마음가짐이 한순간의 절망으로 바뀐다. 결국은 창업을 하고도 자신의 인생과 가족의 생계 그리고 내일을 걱정해야 한다.

반대로 줄 서는 식당의 비결은 '남다름'이라는 경쟁력에 있다. 이를 위해 가장 필요한 것이 바로 사장의 마인드다. 오너의 생각이 바뀌어야 비로소 식당은 경쟁력을 갖출 준비가 된 것이다. 식당이 흥하는 것도, 쇠락의 길을 가는 것도 모두 사장의 책임이다. 당장 내일을 걱정해야 할 상황에서 눈꼽만큼도 변할 생각이 없는 사장들이 너무 많다. 아무리 어려운 상황이라도 식당을 살리는 것은 사장의 생각하는 힘에서 비롯된다. 시도조차 하지 않고 결론을 내리는 생각부터 바꿔야 한다.

나 역시 한 그릇도 팔지 못하던 날이 허다했다. 월세조차 감당하지 못하던 내가 생각을 바꾸면서 식당은 하루가 다르게 변해갔고, 2022년 현재 코로나19 상황에서도 매일 손님이 줄을 서고 있다.

생각이 바뀌면 장사가 바뀌고 매출이 바뀌고 인생이 바뀐다. 이것이 이 책의 핵심이다. 장사에 정답이 없다는 것을 너무나 잘 알면서도 불안하고 초조한 마음에 정답을 찾으려고만 하니 기운 빠지고 지친다. 정답이 아니라 방법을 찾아야 한다. 오직 자신의 식당에 맞는 방법 말이다. 끊임없이 실행하는 과정에서 찾은 그 방법이야말로 기초 경쟁력이다.

더 이상 맛과 친절만으로는 고객이 자신의 식당을 기억하거나 다시 찾지 않는다. 그만큼 지금의 고객들은 식당보다 더 많은 정보를 접하고 경험한다. 한마디로 식당보다 한 수 위에 있다. 고객을 제대로 파악하지 못하니 백전백패하는 것이다. 반대로 고객을 충분히 파악하고 상대한다면 백전불퇴다.

이 책은 식당이 손해를 보지 않으면서 가성비와 가심비로 손님을 끌어당기고 만족을 주어서 다시 방문하게 만드는 기술과 전술을 소개한다. 마케팅이란 단어는 조금 어렵게 느껴질 수 있어 가능한 사용하지 않고 쉽게 전달하고 싶었다. 이 책에서 고객이란 단어보다는 손님이란 단어를 많이 사용한 이유이기도 하다.

책에 소개된 사례들을 많이 따라 하길 바란다. 무에서 유를 창조할 수 없듯이 따라 하다 보면 그것이 누적되어 어느새 자신의 식당에 가장 잘 맞는 방법을 찾게 된다.

열심히 노력하는 것은 더 이상 경쟁력이 되지 않는다는 것을 명심해야 한다. 식당보다 한 수 위인 고객을 알기 위해 공부하고 작은 것이라도 망설임 없이 시도해봐야 한다. 아무리 좋은 기술과 전술이 있어도 실행하지 않는다면 백전불퇴의 승리와 기쁨을 맛보지 못한다. 이 글을 읽는 모든 분들에게 이렇게 말하고 싶다.

　"하늘이 무너져도 솟아날 구멍은 있다는 믿음을 버리세요. 하늘이 무너져도 솟아날 구멍을 스스로 만들어야 합니다."

　아무리 어렵고 힘든 상황이 온다고 해도 무너지지 않고 튼튼한 식당이 되길 바라며 이 글을 시작해본다.

박소영

차 례

프롤로그 하늘이 무너져도 솟아날 구멍을 만들었는가?　　　•6

1장

장사는 사장이 9.9할,
머리부터 발끝까지 배워야 산다

오늘 창업한 당신, 대한민국 꼴찌 사장이다　　　•17

장사는 해봤냐 안 해봤냐로 나뉜다　　　•26

이번에도 또 망하시려고요?　　　•34

2장
일류 사장, 무패 장사의
여덟 가지 자세

사장의 생각을 드러내고 알려라 • 43

상권은 생각하지 말자 • 48

목표는 골목 1등부터 • 53

식당은 인테리어 파는 곳이 아니다 • 57

맛에만 매달리지 마라 • 61

내 것을 먼저 줘야 손님의 지갑이 열린다 • 68

머릿속에 계산기 대신 지우개를 넣어라 • 76

정답은 '어떻게'에서 나온다 • 80

3장
무패 사장이 제안하는
가격의 공식

곱빼기 가격은 생각하지 말자 • 87

의미 있는 퍼주기를 하라 • 95

냉면집도 보쌈집도 얼마든지 가능한 가치비 적용 노하우 • 99

인원수대로 시켜야 한다는 룰을 깨라 • 103

손님이 원하는 방식대로 팔아라 • 107

4장

선택과 집중이
무패 식당을 만든다

메뉴를 줄여야 식당이 산다 · 115

메뉴 구성하는 법 · 121

계절 메뉴와 특선 메뉴의 불편한 진실 · 129

메뉴판의 주연배우를 바꾸지 마라 · 134

술 팔자고 식당 차린 게 아니다 · 140

배달은 하수들의 선택지다 · 147

배달 대신 포장 판매에 매진하라 · 153

식당 첫 오픈도 선택과 집중이 대박을 가져온다 · 163

5장

고객과 마케팅을 차별화하는 무패 사장의 열네 가지 노하우

잘되는 식당 따라 하는 올바른 벤치마킹의 자세	• 169
이타심으로 장사하라	• 172
정답은 고객이 알고 있다	• 177
간판과 상호는 몇 번이라도 바꿔라	• 188
글보다 사진이 친절한 설명이다	• 196
친절한 메뉴북과 메뉴판만 만들어도 매출은 오른다	• 203
메뉴판 스킨십의 끝판왕 POP와 픽토그램 활용하기	• 211
파사드로 고객의 눈길을 사로잡아라	• 216
음식 촬영은 직접 하라	• 221
먹고 마시는 상품이라면 닥치고 '시즐'	• 229
TV는 버리고, 조명은 바꿔라	• 232
'누구나 서비스'와 '선택적 서비스'를 적절히 제공하라	• 239
화끈하게! 유니크하게 판다	• 246
음식에 깃발을 달고 이름표를 붙여라	• 258
에필로그 책을 마치며	• 262
감사의 말	• 266

1장

장사는 사장이 9.9할, 머리부터 발끝까지 배워야 산다

오늘 창업한 당신, 대한민국 꼴찌 사장이다

"식당은 무조건 안 돼"

어릴 적부터 나는 '식당집 아들내미'로 불렸다. 부모님은 내가 태어나기 전부터 작은 중식당을 운영하고 있었고 내가 태어나고 자란 환경도 식당이었다. 부모님은 그렇게 50년 가까이 중식당을 하셨다. 식당이 어떤 곳이며 어떻게 일하는지를 보면서 자란 나는 절대 식당 같은 것은 하지 않겠다고 다짐했다.

나는 20년 가까이 자동차 도색 일을 해왔다. 하지만 언제부턴가 직업에 대한 확신이 점점 사라지면서 불안해지기 시작했다. 나이가 더 들기 전에 다른 직업을 찾아야겠다고 결심했다. 뭐가 좋을지 어떤 것을 해야 할지 몇 년을 고민에 고민을 거듭한 끝에 떠오른 것이 절대 하지 않겠다던 '식당'이었다.

부모님의 음식 맛이라면 이미 동네를 넘어 멀리에서 찾아오신 분들까지 엄지척을 할 정도였다. 부모님의 작은 중식당은 언제나 손님들로 북적였다. 그런 두 분의 식당 운영 노하우까지 모두 전수받는다면 다른 직업을 찾는 것보다는 성공할 확률이 꽤 높아 보였다. 이렇게 생각을 정리하고 나니 어린 시절 식당에 대한 부정적인 기억은 어느새 사라지고 머릿속이 온통 식당을 해야겠다는 생각뿐이었다. 그렇게 몇 달을 혼자 끙끙대고 나서 슬쩍 속내를 꺼내자 아내는 단호하게 말했다.

"식당은 무조건 안 돼!"

아내는 다른 직업을 찾든가 지금 하고 있는 도색 일을 계속하라고 말했다. 그동안 아무 내색 없이 하던 일 잘하고 있다고 생각했는데 뜬금없이 식당을 하겠다고 하니 아내도 놀랄 수밖에 없었을 것이다. 하지만 식당을 하겠다고 마음먹은 나는 계획까지 세워두었다. 그렇게 아내를 설득하고 승낙을 받기까지 꼬박 1년이 걸렸다.

"식당 아무나 하는 거 아니다"

아내의 허락을 받았으니 이번에는 부모님을 설득해야 했다. 부모님도 단호하게 안 된다고 하셨다.

"너도 크면서 봐왔지 않느냐? 식당이 보통 힘든 일이 아니다."
지금 하고 있는 일이나 잘하라는 부모님의 반응에 더 이상 말을 꺼내지 못했다. 시간이 지나 부모님이 아직도 식당을 하고 싶으냐고 물었을 때 나는 그렇다고 대답했다. 부모님의 승낙을 받기까지 또 꼬박 2년이 걸렸다. 식당을 하겠다고 말한 뒤 가족 모두의 승락을

● 감자탕 팔던 식당을 계약했다. 주변의 다른 식당에는 주차장이 없는데 여기에만 있다
는 것이 장점으로 보였다. 이곳에서 나의 인생이 바뀌었다.

받기까지 3년이 걸린 것이다.

　이후부터 일사천리로 진행되었다. 우선 부모님이 내가 사는 천
안에서 1년 정도 머물면서 중식 조리법과 식당 운영을 전수해주시
기로 했다.

　부모님이 한평생 쌓아온 식당 경영 노하우를 믿고 지금의 위치
에 점포를 계약했다. 권리금을 주고 나니 여유 자금이 거의 없었
다. 감자탕을 팔던 식당은 신발을 벗고 올라 앉아야 하는 좌식 구
조였고 식탁 중앙에는 동그란 가스 버너가 있었다. 자금이 없으니
인테리어는 꿈도 못 꾸었다. 전 주인이 두고 간 식기와 쓸 수 있는
것들은 전부 사용하고 모자라거나 없는 그릇만 다시 구매했다. 주
방에 중화 레인지를 설치하고 약간의 보수공사를 직접 해서 중식
주방을 만들었다.

● 계약했을 당시의 내부 사진. 가게는 상
당히 넓었다.

●● 감자탕 팔던 식당 인테리어 그대로
중식당을 오픈했다. 오래된 도배지 때문
에 내부가 상당히 어두워보였고 가스버
너가 있는 식탁은 그대로였다.

뭐가 문제인지 알 수 없었다

어설퍼 보였지만 그 정도로 오픈 준비를 마쳤다. 식당은 전체적
인 분위기가 좀 우중충했다. 일단 도배지가 오래되었고 색도 거무
튀튀했다. 홀 면적만 30평에 테이블 열일곱 개였다. 그래도 나는
자신 있었다. 내 옆에는 중식 경력, 식당 경력이 빵빵한 고수가 있

20

● 무조건 잘될 것이라는 확신이 가득한 채로 2015년 4월 15일에 오픈했다.

었기 때문이다.

배달은 처음부터 하지 않고 홀 판매만 하는 중식당을 하자고 했다. 아내와 나는 단박에 식당 이름을 '원짬뽕'으로 정했다. 의미 같은 건 없었다. 몇 시간 만에 뚝딱 짓고 나서 너무 성의가 없나 싶었지만 나에게는 중요하지 않았다. 식당은 맛이지, 상호 따위가 맛을 이길 수는 없지 않은가! (몇 년 후 브랜드네이밍이 매우 중요하다는 것을 깨달았다.)

마른 수건 짜듯 돈을 마련해 주변 아파트와 원룸, 주택 단지에 홍보할 전단지를 만들고 오픈을 알리는 현수막까지 여기저기 내걸었다. 그렇게 나는 야심차게 식당을 열었다. 하지만 예상과 다르게 흔히 말하는 '오픈발' 같은 건 없었다. 뭐가 문제였는지 그때는 정확히 알 길이 없었다. 단 3일 정도 점심에 손님이 북적이더니 그 후부터는 점점 매출이 떨어졌다. 그리고 오픈하고 한 달 뒤에 생전 처음 겪는 '메르스'란 놈이 찾아왔다.

수천 장에 달하는 전단지는 잔뜩 쌓여 있었다. 거리에 사람이 다니지도 않는 상황에서 급기야 점심 매출은 바닥을 찍었다. 모든 것이 메르스 때문이라고 생각하니 분하고 억울하고 화가 치밀었다. 버틸 재간이 없었다. 우리 부부는 식당을 오픈한 지 석 달 만에 은행 대출을 받아서 하루하루 버티는 신세가 되고 말았다. 부모님도 어느새 고향으로 돌아가셨다.

동네북 신세까지 되었다

식당 초보인 우리 부부는 그 큰 식당에 단둘이 남았다. 하루 매출이 겨우 10만 원 정도였다. 이런 와중에도 우리 식당은 주변 식당들에게 싹을 잘라버려야 할 경쟁자였다. 식당 밖에 에어 간판이라도 켜두면 구청 담당 직원이 찾아와 민원이 들어왔다며 으름장을 놓고 가곤 했다. 구청과 시청에서 수시로 단속과 점검을 나왔다. 어떻게 해서든 한 그릇이라도 팔아보려고 이리저리 애쓰는 것을 주변 식당들은 가만히 두고보지 않았다. 한마디로 텃세가 심했다. 우리 부부는 음식이 맛있으니 조금 더 기다리면 금방 좋아질 거라고 믿으며 버텼다. 그렇게 하는 것이 정답인 줄 알았다. '기다려보자. 맛있고 친절하면 된다'라는 믿음뿐이었다.

하루 매출 0원의 기염(?)을 토한 날,
하늘에서 책이 떨어졌다

급기야 우리는 하루 매출 0원을 기록하게 되었다. 주변의 다른 식당들은 점심시간에 손님들로 넘쳐나는데 우리 식당에는 단 한 명도 오지 않았다. 초조함에 손이 떨렸다. 대출받은 돈은 진작에 바닥나고 월세도 감당 못 할 처지였다. 많이 팔아봐야 하루 4만 원, 7만 원, 어쩌다 10만 원 파는 날이 대부분이었다.

이대로 망하면 어떻게 되는지 계산해보니 남는 것 빚뿐이었다. 그 빚을 언제 다 갚지? 아이들과 아내만 고생시키는 무능력한 아빠이자 가장이 되는 것은 시간문제였다.

어느 날 문득 '정말 맛있고 친절하기만 하면 장사가 잘되는 것일까? 왜 나만 장사가 안 되지?'라는 의문이 들었다. 그때 절박한 심정으로 식당에 관한 중고책 한 권을 구매해 읽었다. 그 책에는 이렇게 쓰여 있었다.

> 내가 지금 이 자리까지 오게 된 건 TV, 신문 같은 건 보지 않았지만 잠자는 시간도 줄여가면서 요리책을 잠들기 전까지 봤다. 그렇게 해서 난 17억 원의 빚을 다 갚을 수 있었고 지금의 회사를 일구는 튼튼한 기초가 되었다.

그 책이 바로 백종원 대표가 지은 《(무조건 성공하는) 작은 식당》(서울문화사, 2010)이었다. 머리를 크게 얻어맞은 기분이었다. 희망이 보였다. 난 17억 원의 빚도 없었다. '백종원 대표가 요리책을 읽었다면 나는 장사를 책으로 배울 수 있겠구나' 하고 확신했다. 그리고 식당 관련 책을 한두 권 더 읽어보니 내가 왜 망해가고 있는지, 무엇이 잘못되었는지 보이기 시작했다.

나는 식당 차리면 안 되는 사람이었다

단 몇 권의 책이 말해주었다. 나는 식당을 차리면 안 되는 사람이라는 사실을 말이다. 공부도 하지 않고 무작정 식당을 차리는 사람은 망할 수밖에 없다.

나는 식당을 차리면 망하는 모든 조건을 갖추고 있었다. 식당을 하겠다고 결심하고 아내와 부모님의 승낙을 받기까지 3년이란 시간이 걸렸다. 그 시간 동안 난 무엇을 했을까? 식당을 하고자 하면 관련 책 한 권 정도는 읽어봐야 하지 않은가. 나는 한 권은커녕 단 한 페이지도 읽지 않았다.

몇 권의 책을 통해 나 자신이 얼마나 한심하고 무모한지 알게 되었고 무엇보다 식당 구석구석 모든 것이 잘못되었다는 것을 알게 되었다. 장사가 안되는 이유가 보이기 시작한 것이다.

부모님에게 전수받는다면 적어도 성공 확률 50퍼센트 이상이라고 생각했다. 하지만 난 단 1퍼센트의 성공률도 없는 식당 사장이었다. 그 대가로 1억 5,000만 원이란 빚과 함께 월세도 감당 못하는 지경까지 온 것이다.

그 뒤부터 나는 공부에 희망을 걸었다. 닥치는 대로 책을 보고 또 봤다. 잠자는 시간까지 쪼개가면서 책을 보고 출퇴근길에 아내는 운전하고 나는 옆자리에 앉아 공부했다. 아침에 눈을 떠서 밤에 잠들기 전까지 난 오직 식당에 관한 공부만 했다.

공부만 한 경험은 없다

나는 식당 경험이 없었다. 부모님의 경력을 나 자신의 경력이라고 착각했다. 그리고 꼭 잘될 거라고 자만했다. 망하는 것은 어쩌면 당연했다. 숫자를 안다고 수학을 잘할 것이라는 식의 자만심이 불러온 참사였다.

만약 당신이 오늘 개업했다면 당신은 그 분야에서 대한민국 꼴찌 사장임을 명심해야 한다. 음식점을 창업하면 5년을 버티는 곳이 열 곳 중 두 곳이라는 통계수치가 말해주듯 외식업의 성공률은 매우 낮다(이경미, '음식점 창업하면 5년 버티는 곳 10개 중 2개', 〈한겨레〉, 2020. 12. 9.). 게다가 우리나라 자영업자 비율은 생산인구의 25퍼센트나 된다(우리나라 자영업자 비중은 미국의 약 4배에 달하고 일본의 2.4배 정도다).

나는 식당이 어느 정도 자리 잡은 지금까지도 공부를 계속 하고 있다. 복마전 같은 이 시장에서 대한민국 꼴찌로 출발한 소상공인 사장들이 살아남는 길은 꾸준하고 치열한 공부밖에 없다.

장사는 해봤냐
안 해봤냐로 나뉜다

대부분의 우리가 향하는 곳, 치킨집

이런 곳에서 장사가 될까 싶은 정도로 상상하기 힘든 곳에 식당이 떡하니 자리잡고 있다. 대한민국 산간벽지 그곳이 어디라도 식당은 들어서고 없어지고 한다. 어쩌다 그런 곳에 식당이 생겼을까 하는 호기심으로 전국에 있는 사람들이 몰리고, 그 비밀을 파헤치려는 방송 프로그램에 등장하는 경우도 많다.

그러고 보니 대한민국에는 식당이 참 많다. 그야말로 지천에 널렸다고 하는 표현이 적절할 것이다. 식당은 왜 이렇게 많이 생겨나는 것일까?

이제 더 이상 평생직장을 꿈꿀 수 없다. 취직을 했다고 해서 평생 그 회사에서 일하리라는 보장이 전혀 없다. 나이 45세만 넘어서면 직장에서 살아남기 힘들다. 버티고 버텨봐야 50세를 넘기기 힘들다. 퇴사한 그들이 다시 직장을 얻기란 쉽지 않다. 기업은 이제 사람을 쉽게 고용하지 않는다. 20대 청년들도 취업이 힘든 세상이다.

그러다 보니 회사를 그만두면 '식당이나 하지, 뭐'라는 생각을 한다. 대부분 '버티다 안 되면 식당이나 해야겠다'라는 마음으로 식당을 차린다. 나도 마찬가지였다.

이런 현상을 방영하듯 대부분의 은퇴자들이 향하는 곳은 치킨집이다. 명문대를 나와도 치킨집 사장, 대기업을 나와도 치킨집 사장이라는 우스갯소리는 대한민국 식당 창업의 현주소를 보여준다.

대한민국 식당의 평균 매출 40만 원

그렇게 창업한 식당이 왜 오래가지 못할까? 직장인들이 인생 후반전을 위해 평생 모은 돈으로 선택한 식당, 취업이 힘든 20~30대들이 청춘을 걸고 차린 식당들이 잘되어야 하지 않는가? 하지만 결과는 그렇지 못하다.

대부분은 용기와 배짱, 잘될 거라는 믿음으로 식당 창업을 한다. 사람들이 붐비는 좋은 자리, 유행하는 핫 아이템만 있으면 된다는 생각으로 식당을 차린다. 더러는 식당 하나 차리는 데 얼마나 많은 돈이 들어가는지도 모른 채 전 재산을 쏟아붓고도 모자라 대출까지 받는다.

이런 식당이 얼마나 벌까? 대한민국 식당의 하루 평균 매출은 40~50만 원 정도다. 그보다 더 벌거나 덜 벌거나 차이는 있겠지만 대부분 비슷비슷하다. 휴일 4일을 제외하면 한 달에 영업일은 26일이니 총매출은 1,040만 원 정도다.

여기에서 월세와 인건비 등 고정비, 식재료비를 포함한 식당 운영에 들어가는 변동비를 빼고 남은 것이 수익으로 잡힌다. 대한민국 식당의 마진율, 다시 말해 이익률은 평균 15~20퍼센트 정도다. 한 달 내내 고생해도 수익률이 15퍼센트가 채 안 되는 식당도 허다하다. 더 무서운 것은 자신이 얼마를 벌고 있으며 얼마나 남는지조차 모르는 사장이 많다는 사실이다.

총매출 1,040만 원에서 20퍼센트 정도 남는다고 하면 208만 원. 사장이 하루 12~16시간 뼈 빠지게 일해서 한 달 200만 원을 버는 셈이다. 이익률을 높여서 30퍼센트라고 해도 312만 원이다. 한 사람 인건비도 안 되는 돈이다.

무섭지만 이것이 현실이다. 직원과 아르바이트생이 식당 사장보다 더 많이 벌고 있다고 해도 과언이 아니다. 이처럼 감당하기 힘든 월세 노예가 된 식당이 너무 많다. 이런 현실을 돌파해나갈 수 있는 방법을 알려주는데도 도통 생각을 바꾸거나 시도조차 하지 않는다. 그저 하루하루 연명하며 세월만 까먹고 있는데도 말이다.

핑곗거리는 찾지도 마라

정확히 얼마를 벌고 있는지도 모른 채 무작정 식당을 하는 이유는 단 하나다. 경험 부족도 있지만 잘될 것이라는 막연한 생각에 빠져 있기 때문이다. 자신의 인생 후반을 걸거나 청춘을 바쳐서 하는 식당인데도 처음부터 대충대충 건성으로 시작한다. 누구나 마음만 먹으면 쉽게 차릴 수 있는 환경도 문제이지만 그보다 더 심각한 것은 공부하지 않고 덜컥 차리는 것이다.

이유야 무엇이 되었든 간에 하기 싫다는 사람을 등 떼민 것도 아니고 본인이 선택한 일이라는 것은 분명한 사실이다. 하지만 대부분의 사장들은 그 사실을 망각하고 식당이 안 되는 모든 이유를 외부적인 요인 탓으로 돌린다. 아이템을 잘못 선택했다는 둥 자리가 외졌다는 둥 말이다.

처음에는 나도 그랬다. '이 자리에 계약하는 게 아니었는데', '메르스만 아니면 성공할 수 있었는데' 하고 생각했다. 상권이 안 좋아서, 주변에 중식당이 너무 많기 때문이라고 합리화했다. 식당이 안 되는 온갖 핑곗거리를 찾고 있었다. 그런다고 상황이 바뀌거나 좋아지는 것은 하나도 없었다. 그 사실이 오히려 나를 더 비참하게 만들었다.

식당이 안 되는 원인은 오직 사장인 나에게 있었다. 모든 것이 내 탓이라는 것을 인정하고 받아들여야 한다. 다시 스스로에게 물어보자.

"누가 등 떼밀어서 식당 차린 게 아니잖아요?"

내가 잘살아 보겠다고 차린 식당이다. 이것을 인정하지 않는 사장의 결말은 자신의 재산을 쏟아부은 식당을 접고 '임대 문의'라는 현수막을 내거는 것뿐이다.

초보 장사라고 성공하지 못할 이유는 없다. 시설이 허름하다고 안 된다는 법도 없다. 통장 잔고가 여유로우면 좋겠지만 돈이 없다고 성공을 못 하는 것도 아니다.

식당은 자리와 아이템이 좋아야 한다는 믿음은 도대체 무엇을 근거로 하는 것인가. 환경을 탓할 것이 아니라 자신의 생각부터 바꾸자. '안 돼'가 아니라 '하면 된다', '어디 한번 해보자'라고 믿어보자. 그래야 자신과 가족의 인생을 바꿀 수 있다. 죽기 살기로 덤벼야 죽어가는 식당도 살릴 수 있고 성공 확률도 높아진다. 이것이 내가 몸소 경험한 식당의 성공 법칙이다.

식당 경력과 경험이 없다고 걸림돌이 되지 않는다

식당을 해본 적이 없어서 실패했다면 당장 식당 문을 닫고 잘나가는 식당에 취업해서 장사를 배워야 하는 걸까? 물론 직접 현장에서 배우는 것처럼 좋은 것도 없다. 하지만 너무 많은 기회비용이 든다. 더구나 당장 식당 문을 닫을 수도 없다.

그럼 어떡해야 할까? 직접 경험이 힘들다면 간접 경험이라도 해야 한다. 책은 가장 손쉬운 간접 경험 수단이다. 단, 책을 읽고 마음에 새기는 즉시 실행해야 한다. 장사에 관련된 책을 보면 대개 이런 생각이 든다.

'이 책을 쓴 사람은 장사도 안 해봤으면서 너무 쉽게 말하는군.'

'대체 식당에 대해 알기나 하고 이런 글을 쓴 거야?'

그러고는 책에서 말하는 내용들을 도통 인정하지 않는다.

'이렇게 한다고 장사가 되겠어?'

'온통 자기 자랑뿐이네.'

이런 의심을 하며 책에서 이야기하는 것들을 신뢰하지 않는다. 경험이 없어 공부를 시작했지만 도통 받아들이지 않는다. 가끔 우리 식당에 찾아와 장사 비법을 묻는 사장들이 있다. 그분들에게 공부가 될 만한 책을 권하면 대개 이런 대답이 돌아온다.

"책에서 말하는 건 남들 이야기이고 우리 식당에는 적용할 수가 없어요."

이런 말을 들으면 안타까울 뿐이다. 현재 장사가 잘 안 되고 있다면 다음과 같은 세 가지를 명심하길 바란다.

첫째, 생각을 바꿔야 한다.
둘째, 생각이 바뀌면 장사를 깨친다.
셋째, 장사를 깨치면 성공 확률이 높아진다.

이 세 가지는 무패 장사, 무패 식당의 성공 법칙과 자연스럽게 연결된다. 세 가지 중에서 가장 중요한 것은 생각 바꾸기(깨우치기)다. 이것만 된다면 나머지 두 가지는 저절로 행동 점화가 이루어진다. 생각 바꾸기가 가장 핵심이고 선행되어야 할 요소다. 장사도, 식당도 공부하고 변하고 깨우쳐야 한다. 이제 당신이 생각을 바꿀 차례다.

닥치고 실행이다

공부하기로 마음먹었다면 무조건적인 실행력이 뒷받침되어야 한다. 좀 더 강하게 말하자면 '닥치고 실행'이다. 더 이상 '안 된다'는 말을 하지 말자. 월세도 감당 못 하고, 직원들 급여 주기도 힘들어 절절매고, 사장의 월급이 아르바이트생보다 못하면서 알량한 자존심만 세우는 사장들이 많다. 한때는 나도 그런 사장이었다.

공부한 것을 실행에 옮겨야 그 결과를 알 수 있다. 이 과정이 자연스럽게 이루어지려면 생각이 바뀌어야 한다. 안 된다고 손사래 치지 말고, 부정하거나 의심하지 말고 믿어보는 것이다.

'정말 이렇게 하면 되는 거구나!', '이런 게 효과가 있다니!'라는 긍정적인 마음으로 앞서 성공한 사람들의 경험을 받아들이자. '이걸 내가 어떻게 하지?'라고 부정적인 마음을 가지지 말자. 해보지 않고는 그 누구도 결과를 모른다. 일단 해보는 것이 중요하다. 실행해봐야 손님이 더 늘어나는지, 매출이 더 오르는지 알 수 있다. 반대의 결과라도 실행해서 얻은 노하우는 내 것으로 남는다.

식당의 경쟁력은 이렇게 만들어가야 한다. 첫째는 공부, 둘째는 실행이다. 책을 읽고 공부하더라도 실행하지 않으면 아무짝에도 쓸모없다.

전 재산을 쏟아붓고도 모자라 대출까지 받아서 시작한 식당에 손님이 단 한 명도 오지 않는다면, 그야말로 살아서 경험하는 생지옥이다. 하루하루 초조함에 심장이 저리고 손발이 떨리고 스트레스로 헛구역질을 연신 해대던 날들을 아직도 기억한다. 벗어나고 싶다면 조금만 생각을 바꿔 실행을 멈추지 말아야 한다.

나는 지금까지 상호를 세 번이나 바꾸는 일까지 마다하지 않았다(식당이 상호를 바꾼다는 것은 죽기 살기로 각오했다는 의미다). 이런 노력 없이는 어떤 것도 얻을 수 없다. 실행하고 또 실행하고, 결과를 수정하고 다시 수정해야 된다. 살아남는 식당의 노하우는 간단하다. 특별한 것은 없다. 공부하고 실행해야 한다는 것. 무패 사장, 무패 식당은 이렇게 만들어진다.

식당에 대해 공부하면서 조금이라도 게으름을 피우거나 남 탓할 거리를 찾을 때면 주문처럼 했던 말이 있다. 실행하기를 주저하는 모든 식당 사장들에게 이 주문을 공유한다. 힘들 때마다 이 주문을 외워보자.

"아무것도 하지 않으면 아무것도 변하지 않는다. 식당도, 나의 인생도!"

이번에도 또 망하시려고요?

왕년의 라떼는 잊어라

식당을 시작하면 결별해야 하는 말이 있다. 바로 "내가 왕년에 말이야"라는 것이다. 식당 사장이 아니더라도 '왕년에'와 같은 말은 쓰지 말아야 한다.

식당이 잘 안 되는 사장님은 미간을 찌푸리면서 '왕년에'와 '라떼는(나 때는)'을 자주 찾는다. 이것은 변화를 시도할 수도 없게 만드는 무기력한 단어다. 문제는 두려움 때문에 '왕년에', '라떼는'과 타협하는 것이다.

식당을 하면서 이 두 단어와 타협하면 아무것도 할 수 없다. 버릇처럼 '왕년에'와 '라떼는'을 입에 달고 산다면 지금 당장 떼어버리자. 머릿속에서도 아예 지워버리자.

왜 덥석 차릴까?

많은 사람들이 식당 창업을 결심하고 프랜차이즈를 선택한다. 혼자 끙끙대는 것보다 프랜차이즈 본사 전문가의 도움을 받아 창업하면 편하고 안전하다고 생각한다. 하지만 프랜차이즈 본사가 모든 것을 알아서 해주지 않는다는 사실은 미처 생각하지 못한다. 아무리 잘나가는 프랜차이즈도 밥상만 차려주는 정도다. 식당을 하고 싶다고 하니 돈 받고 가맹점 하나를 내준 것이다. 하지만 프랜차이즈는 차리기만 하면 잘된다고 착각하는 사람들이 많다.

사업과 장사에 대해 공부하지 않는다면 아무리 잘나가는 프랜차이즈라 하더라도 결과를 장담하지 못한다. 본사가 밥까지 떠먹여 주지 않는다는 것이다. 물론 일부 교육과정이 있기는 하지만 대부분 기본적인 조리 교육과 위생 교육이다. 본사에만 의지하지 말고 스스로 공부해야 한다.

프랜차이즈 본사는 가맹점주들과 상생하기 위해 많은 홍보와 광고를 통해 매출을 이끌어준다. 이것이 프랜차이즈 창업의 가장 큰 장점이자 특징이다. 하지만 본사의 든든한 지원을 받고 시작하는 가맹점주도 자칫 어려움에 빠질 수 있다.

독립 매장을 창업한다면 더더욱 철저하게 준비해야 한다. 공부를 하지 않고 덥석 차렸다가 5년, 10년을 허송세월할 수 있는 것이 식당 창업이다. 실패하면 모아둔 재산을 잃는 것은 물론 은행에서 대출받은 돈을 갚아야 하는 빚쟁이 신세가 된다.

자신이 좋아하는 취미 생활을 할 때는 관련 내용의 책을 사서 본다. 등산을 좋아하거나 낚시를 좋아하면 관련 책을 사서 읽을 것이다. 책이 아니라면 월간지라도 본다. 그리고 취미 생활에 돈을 쓸 때는 철저히 조사하고 검색해서 하나하나 비교한다. 100만 원이 훌쩍 넘는 자전거를 사거나 고가의 낚싯대를 구매할 때는 물론이고 그보다 더 값비싼 제품을 살 때는 신중에 신중을 기한다. 심지어 동호회에 가입하고 원하는 정보를 얻기 위해 잠을 설쳐가며 인터넷을 들여다본다.

취미 활동을 위해서도 이런 노력과 정성을 기울이는데, 전 재산에 가까운 투자를 하는 식당은 왜 아무런 준비 없이 덥석 차리고 보는 것일까?

공부가 쉬워진다

식당에 대해 공부하기 위해서는 무엇부터 먼저 하느냐고 묻는다면 망설임 없이 책을 읽는다고 말한다. 책은 장소와 시간을 가리지 않고 읽을 수 있다. 집에서 뒹굴뒹굴하면서도 읽을 수 있는 것이 책이다. 어쩌면 가장 배우기 쉬운 방법인지도 모른다.

책 읽기가 부담된다면 다른 대안도 있다. 스마트폰 터치 몇 번이면 원하는 정보를 24시간 얻을 수 있다. 유용한 정보를 무료로 얻을 수 있는데도 대부분의 사람들은 이것마저 외면한다.

검색창에 '외식' 또는 '식당'만 입력해도 셀 수 없이 많은 책 목록이 나타난다. 그렇게 눈길이 가는 책을 미리 보기로 읽어보고 구매하면 바로 다음 날 현관문 앞에 배달되어 있다. 한두 권 보는 것으로 멈추지 말고 꾸준히 읽어야 한다. 무료 동영상 강의도 찾아보면

나온다. 공부는 식당을 차린 후라도 늦지 않았으니 일단 시작하면
된다.

지식을 통해 스스로 깨우치니 내가 무엇부터 해야 하는지 보이
기 시작했다. 그전까지는 '맛있는 음식과 친절'이 성능 좋은 무기인
줄 알았다. 공부를 하고 보니 그 무기는 전쟁에서 승리할 수 없는
장난감 목총이었다. 이미 식당은 만신창이였고 산소호흡기에 의존
해 언제 숨이 끊어질지 모르는 상황이었다.

자신만의 경쟁력 있는 무기를 만들어야 한다. 고객을 오게 하는
것, 서슴없이 지갑을 열어 소비하고 나서도 주변에 공유하고 널리
알리도록 하는 방법을 찾아야 한다. 식당의 경쟁력이란 나도 이롭
고 손님도 이로운 것이다. 그런 무기를 만들어야 한다. 어떻게 만들
어내는 것인지 공부를 통해서 배워야 한다. 맛으로 승부해야 하는
지, 아니면 다른 요소가 있는지, 할인과 이벤트의 효과적인 전략은
무엇이고, 가성비와 가심비를 갖춘 메뉴를 만들어내는 전략은 무엇
인지, 손익계산(BEP, ROI)을 모두 따져보고 준비할 줄 알아야 한다.

- **BEP(손익분기점)** : 매출액과 총비용이 일치하는 지점으로 손
  해도 이익도 나지 않는 지점을 의미한다.
- **ROI(투자수익률)** : 순이익을 투자액으로 나눈 것으로 얼마를
  투자해 얼마를 벌어들였느냐를 말한다.

불황에도 끄덕없는 전략을 만들어야 한다. 이런 것을 알고 시작
하는 것과 모르고 전쟁터에 뛰어드는 것은 죽느냐 사느냐 하는 생

존을 판가름한다.

공부하는 사장을 당할 자는 없다

책 한 권은 단돈 1만 5,000원이면 살 수 있다. 하지만 사람들은 수천만 원 또는 수억 원을 투자하면서 책 한 권 사기를 망설인다. 식당에 관한 책이 그렇게 많은데도 안 팔리는 이유다. 대한민국에서 하루에도 수백 곳이 창업하고 수백 곳이 문을 닫는다. 대한민국 방방곡곡 어디든 식당이 있다.

그런데 공부하는 식당 사장은 손에 꼽을 정도다. 장사를 모르니 장사가 안 되고, 공부하지 않으니 식당이 오래가지 못한다. 역으로 말하면 대부분의 경쟁자들이 공부하지 않으니 공부하고 실행하면 반드시 성공할 수 있다.

스스로 공부하지 않으면서 주위 사람들의 조언만 듣고 머리 싸매고 고민하지는 말자. 자신이 전쟁 경험 없는 훈련병 수준이라는 것을 깨달아야 한다. 전쟁에서 이기는 방법은 오직 하나, 자신이 공부해야 한다는 사실을 깨우치고 생각을 바꾸는 일이다. 책을 통해 유용한 전략과 전술을 알게 되었다면 그것을 머릿속으로 미리 연습해본다. 이것은 단돈 1원도 들어가지 않는 방법이다.

아무리 경기가 불황이어도 1등과 꼴찌는 존재한다. 누구는 파리만 날리고 누구는 매일 줄을 서는 대박 식당의 사장이다. '라떼는'과 '왕년에'라는 말과 친숙해진다면 결국 폐업과 빚더미를 맞이하게 된다. 사장이 아무것도 하지 않으면 아무것도 바뀌지 않는다.

이기는 장사, 승리해서 살아남는 장사의 비법은 의외로 간단하다. 공부하고 목표를 세우고 그것을 이루기 위해 계획하고 미친 듯이 실행하면 된다. 이것이 어떤 어려움 속에서도 지지 않는 장사, 아무리 힘들어도 무조건 이기는 무패 장사의 핵심이다.

식당을 하려면 먼저 배우고 실행하자. 이것이야말로 자신만의 경쟁력을 만들고 전쟁과 같은 상황 속에서도 살아남는 무패 장사, 무패 사장이 되는 길이다. 우리 식당만의 무기를 갖춘 '무사(무패 사장)'가 되어 나아가자.

2장

일류 사장,
무패 장사의
여덟 가지 자세

사장의 생각을 드러내고 알려라

나는 어떤 식당을 하고 있나?

"사장님은 어떤 식당을 하고 있습니까?"

식당 사장이라면 이 질문에 멈칫하면 안 된다. 단번에 대답이 나와야 한다. 지금 하고 있는 식당을 한마디로 설명할 수 있어야 한다.

그런데 "국밥을 파는 식당입니다" 또는 "김치찌개를 파는 식당입니다"와 같은 이런 대답은 손님에게 어떤 감흥도 주지 못한다. 자신이 속한 골목 상권 또는 주변의 식당을 한번 살펴보자. 메뉴는 거기서 거기고 내가 운영하는 식당이라고 뭐 하나 다를 것 없다. 하지만 맛은 가장 좋다는 자신감이 있고 손님에게 사랑받으며 오래오래 장사하기를 바란다면 감흥을 줄 수 있는 메시지를 전달해야 한다.

사장님 생각을 글로 보여주세요

자신이 운영하는 식당을 완벽하게 설명하기 위해서는 머릿속에 먼저 정리되어 있어야 한다. 정리하는 방법은 의외로 간단하다. 지금 당장 A4 용지를 한 장 꺼내서 적어보자.

우리 식당은 _____식당입니다.

나는 _____한 식당을 만들기 위해 노력하겠습니다.

나는 _____한 서비스로 고객님에게 혜택을 드리겠습니다.

아무리 좋은 것도 머릿속에만 들어 있으면 소용없다. 목표와 각오를 구체화해야 성과를 낼 수 있다. 처음에는 생각나는 대로 자유롭게 적는다. 기준을 정하지 않고 설령 말도 안 되는 것이라도 하나부터 열까지 모두 적어본다. 지금부터 어떤 식당을 만들어나갈지를 적어도 좋다.

머릿속에 생각하고 있는 것들을 썼다면 그것을 소리 내어 한번 읽어보자. 이제 계획이 세상으로 나왔다. 이것을 좀 더 구체화해야 한다. 여기서부터 시작이다.

단돈 1,000원이면 식당이 달라진다

자신이 적은 글을 읽어보자. 어떤 것은 황당하게 느껴지고, 현실성이 없는 것도 있을 것이다. 이제 자신이 지킬 수 있는 다짐과 글만 남기고 하나씩 지우자. 단 하나만 남아도 좋다. 이것이 식당의 철학과 규칙이 되고 무언가를 결정할 때 기준이 된다. 고객과의 약속이 되며 그 자체로 우리 식당의 콘셉트가 된다.

　이제 종이에 적은 다짐들을 타이핑하고 인쇄해서 코팅을 한다. 코팅 비용은 1,000원이면 된다. 그것을 주방에 하나 붙인다. 그리고 테이블 또는 메뉴판, 고객 화장실의 세면대 거울 등 고객의 눈에 띄는 곳에 붙여도 좋다. 이 다짐들을 수시로 보면서 지키기 위해 노력하다 보면 어느새 없던 경쟁력이 생기고 콘셉트가 완성된다. 우리 식당이 남들과 어떤 차별점을 가지고 있는지 정해지는 것이다.

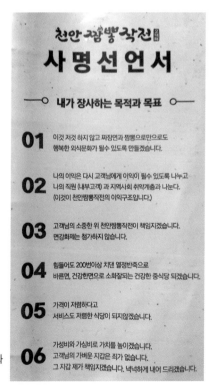

● 천안짬뽕작전의 장사하는 목적과 목표

손님들도 식사를 하면서 이것을 읽어볼 것이다. 사장의 마인드와 진심을 눈으로 읽고 이렇게 생각할 것이다.

'이 식당은 진정성이 느껴지는데.'

목표와 약속을 더 구체화해서 조금씩 수정할 필요도 있다. 처음에는 작은 종이에 몇 줄뿐이었지만 내가 할 수 있는 것에 집중해서 좀 더 명확한 다짐과 목표를 만들어 핵심 콘셉트로 완성한다.

적극적으로 알리지 않으면 손님들은 알 수 없다. 사장이 식당을 하는 목적과 목표를 적는 것부터 시작이다. 사장의 생각을 글로 적어서 손님들에게 알려라.

반드시 고객은 결괏값을 준다

나도 처음에는 '이렇게 한다고 되겠어?' 하는 의심을 정말 많이 했다. 글로 쓰려니 창피하다는 생각이 들기도 했다. 하지만 아무것도 해보지도 않고 망하는 게 더 창피하다는 절박함이 나를 움직이게 했다.

'내가 장사하는 목적과 목표'를 써서 붙이고 얼마 지나지 않았을 때였다. 초저녁 시간에 남성 두 분이 들어와 짬뽕 두 그릇을 시켰다. 그중 한 분이 화장실을 다녀오더니 앞에 앉은 일행에게 이렇게 말하는 것이었다.

"여기 화장실 가봐. 사장님 마인드 최고다."

그러고는 식사를 마치고 계산대 앞에서 아내에게 "사장님, 음식도 맛있고 사장님 마인드도 최고예요"라며 엄지손가락을 치켜세웠다. 나는 그들의 뒷모습에 대고 허리 숙여 인사했다.

며칠 뒤 그분이 역시나 초저녁 시간에 회사 동료들과 함께 와서 이렇게 말했다.

"얘들아, 여기 화장실 가봐. 여기 사장님이 어떤 생각으로 식당을 하고 음식을 만드는지 나와 있어. 여기 정말 최고야."

그때 오신 모든 분들은 우리 식당의 단골이 되었다. '내가 장사를 하는 목적과 목표', 고민하고 망설일 시간에 지금 당장 써보자.

상권은
생각하지 말자

식당이 잘되는 이유가 자리 때문이라는 착각

식당을 오픈한 지 1년 정도 지났을 때였다. 매출은 여전히 나아질 기미조차 없고 고객의 눈길 한번 받지 못하고 있었다. 내 입에서는 습관처럼 이런 말이 나왔다.

"식당은 목이 좋아야 해. 우리 식당은 자리(입지)가 안 좋아."

심지어 우리 식당은 넓은 주차장을 갖췄는데도 자리 때문에 장사가 안 된다고 생각했다.

그러던 어느 날, 진짜 자리가 안 좋아서 장사가 안 되는 걸까 하는 의구심이 들었다. 자연스럽게 상권 분석에 관심이 쏠렸고 가벼운 책부터 읽어보기로 했다. 점점 난이도 있는 책을 접하면서 상권 분석을 교육하는 과정이 있다는 사실도 알게 되었다. 그렇게 난생처음 상권 분석을 집중적으로 배웠는데, 하나부터 열까지 새로운 영역이었다. 무엇보다 배워야 한다는 것을 크게 깨닫는 시간이었다. 입버릇처럼 튀어나오는 '자리가 나빠서'라는 말은 더 이상 하지 말자. 좋은 자리, 나쁜 자리를 가려서 장사해야 한다는 생각은 버려야 한다. 그것은 스마트폰이 없었던 1990년대에나 통하는 사고방식이다.

핵심 상권은 프랜차이즈에 양보하자

고기에 등급이 있듯 상권에도 등급이 있다. A급, B급, C급, 그 이하로도 계속 나뉜다. A급 상권으로 가면 무조건 장사가 잘될까? 잘되는 식당은 상권과 자리, 즉 입지 조건이 좋기 때문일까? 반대로 C급 이하의 상권으로 가보자. 주변에 주택가가 형성되어 있지도 않고 교통도 불편한데 손님들이 길게 대기 줄을 서는 현상은 어떻게 설명해야 할까?

'좋은 상권에 좋은 자리로 가야 한다'는 고정관념을 잠시만 머릿속에서 지우자. 누가 봐도 좋은 A급 상권의 좋은 자리는 자릿값(권리금, 월세)이 꽤 나갈 것이다. 물론 지역에 따라 조금씩 차이는 있지만 B급 상권도 만만치 않다. 이런 곳은 다음과 같은 입지를 갖추고 있다.

첫째, 잘나가는 상가들이 밀집되어 있다.
둘째, 유동인구가 많다.

두 가지 요인을 들었지만 사실상 유동인구가 많다는 것만으로도 자릿값은 어마어마하다. 대부분의 사람들은 이런 곳에서 장사해야 잘된다는 공식 같은 믿음이 있다. 이제 좋다는 그 자리를 조금만 파헤쳐 보자.

유동인구가 많은 자리는 그만큼 권리금과 월세가 비싸다. 주변에는 그보다 월세가 더 비싼 점포도 분명 있을 것이다. 이런 A급 자리(입지)에서 장사를 해야 그나마 잘될 것이라는 그 믿음으로 결국 제로섬 게임에 뛰어드는 것이다. 그만큼 경쟁이 치열한 자리다. 처음 식당을 준비하는 사람들일수록 이런 자리는 피하는 것이 좋다. 통장 잔고가 두둑하지 않다면 무리하지 말아야 한다. 그런 입지에서 경쟁한다면 이길 확률이 그다지 높지 않다. 그곳에는 이미 날고 기는 고수가 넘친다. 유동인구가 많으면 특별히 홍보하지 않아도 점심과 저녁 시간에 알아서 손님이 들어온다. 기본 매출이 보장되기 때문에 월세와 권리금이 비싼 것이다. 이런 자리는 미련을 버리고 자금이 두둑한 대기업 또는 유명 프랜차이즈에 양보하는 것이 좋다.

그럼 어떤 자리를 선택해야 할까? A급 상권을 포기하고 선택할 만한 대안은 누구에게나 동등한 조건을 제공하는 상권이다.

스마트폰이 곧 A급 상권이다

최고의 상권을 찾는 사람에게 나는 이렇게 말하고 싶다.

"아무도 없는 곳으로 가라."

한마디로 경쟁자가 없는 곳으로 가라는 것이다. 상권 등급으로 나눈다면 C급부터 D급, E급 정도를 말한다. 그런 곳은 권리금이 적거나 없고 월세는 저렴할 것이다. 경쟁이 치열한 A와 B급은 손님이 오며 가며 들를 수 있지만 C급 상권부터는 손님이 일부러 찾아와야 한다.

그렇다면 고객이 식당까지 찾아오게 만들면 된다. 어떻게 하냐고? 지금은 스마트폰 터치 몇 번이면 우리 식당을 전 세계에 알릴 수 있는 시대다. 이제 종이 전단지는 어쩌면 0점짜리 홍보 수단일지도 모른다. 2009년 스마트폰이 세상에 나온 이후로 세상이 변했다. 스마트폰 하나면 필요한 정보를 얼마든지 얻을 수 있다. 아이부터 어른까지 이미 스마트폰이 일상이 되었고 사람들의 생활 터전은 스마트폰 속에 들어 있다고 해도 과언이 아니다. 상권의 범위는 이제 오프라인 중심에서 온라인으로 대거 이동했다.

고객은 가고 싶은 식당이라면 수고를 마다하지 않는다. KTX를 타고 배를 타고 비행기를 타고 산간벽지라도 어디든 찾아간다. 이 모든 것이 스마트폰으로 가능한 일이다. 이제는 자리가 문제되지 않는다.

장사의 성공 포인트는 '무엇'이 아닌 '어떻게'

같은 메뉴, 같은 음식을 파는 식당인데도 누구는 장사가 잘되고 누구는 장사가 안 된다. 그 차이는 무엇일까? 식당이 어떻게 팔고 있는가 하는 콘셉트의 차이다.

대중교통으로 가기 번거롭고 눈에 잘 띄지도 않는 식당까지 굳이 찾아오는 것은 '꼭 그 식당에서 먹어야 하는 이유'가 있기 때문이다. 그것이 바로 콘셉트다. 식당의 운명은 콘셉트가 있느냐 없느냐에 달려 있다. 그만큼 가장 중요한 핵심이다.

콘셉트의 사전적 의미는 '개념'이다. 대부분 콘셉트라고 하면 조금 어렵게 설명하는데 내가 생각하는 콘셉트는 아주 간단하다. '나는 지금 어떻게 팔고 있는가?'이다. 식당의 아이템(메뉴)이 가장 중요하다는 생각은 큰 오산이고 착각이다. 아무리 좋은 아이템이라고 해도 남들과 똑같은 방식으로 팔고 있다면 자신만의 콘셉트가 될 수 없다. 경쟁자들과 무언가는 달라야 한다.

자신의 식당에 처음 방문한 손님을 어떻게 또다시 방문하게 만들까? '어떻게 팔고 있느냐'가 그것을 결정한다. 처음 방문한 손님이 다시 방문하고, 며칠 뒤에는 다른 손님들까지 데려오게 만들어야 한다. 영업사원을 채용하지 않아도 손님들이 알아서 입소문을 내도록 해야 한다.

'어떻게 팔 것인가?' 이것이야말로 식당의 무기이자 튼튼한 초석이 될 콘셉트라는 것을 명심하자.

목표는  골목 1등부터

'무조건 잘될 거야'부터 잘못되었다

"누구나 그럴싸한 계획을 가지고 있다. 나에게 한 대 얻어맞기 전까지는."

이것은 은퇴한 미국 복싱 선수 마이크 타이슨의 말이다. 나도 처음에는 그럴싸한 계획을 세우고 식당을 시작했다. 하지만 오픈하고 두 달 만에 정신없이 바빠도 모자랄 점심시간에 내가 하는 일이라고는 유리창 너머로 장사가 잘되는 남의 식당을 훔쳐보는 것이었다.

나는 잘될 줄 알았다. 꼭 잘될 것이라고 믿었다. 부모님이 산전수전 겪어가며 쌓은 노하우까지 전수받았으니 무조건 '천안 1등 중식당'이 될 것이라고 확신했다. 하지만 현실은 장사가 잘되는 식당만 쳐다보고 있었다. 나는 연신 두들겨 맞고 있는 상황이었다.

나에게는 구체적인 계획과 목표가 없었다. 어떻게 목표와 계획을 세워야 하는지조차 전혀 몰랐다. 나처럼 무모하게 식당 창업을 했거나 현재 식당이 잘 안 되고 있는 상황이라면 처음부터 다시 시작한다는 마음가짐으로 목표와 계획부터 세워야 한다.

식당 '한 방'이란 건 없다

잘못된 목표와 계획을 세우는 사람들이 많다. 나름대로 철저하게 준비하고 계획을 세웠지만 시장(market)에서 경쟁해보면 사상누각(砂上樓閣)처럼 어설프기 짝이 없다는 것을 확인하기까지 그리 오래 걸리지 않는다. 오픈과 동시에 대박을 터트리고 오래가는 식당은 거의 드물다. 거의 모든 사업이 그럴 것이다. 보통은 화무십일홍(花無十日紅)으로 외형의 화려함은 오래가지 못하는 법이다.

작은 것부터 하나씩 하나씩 이뤄나가야 한다. 우리 식당에서 반경 50미터 안에 같은 메뉴의 식당이 몇 개 있는지 알아보고 일단 그중에서 1등이 되겠다는 목표부터 세워야 한다. 이것부터 되어야 아주 튼튼한 뿌리를 얻는 것이다. 주변에서도 알아주지 않는데 지역에서 알아주고 더 멀리서 찾아오기를 바라는 것은 헛된 꿈에 불과하다.

동네 상권에서 1등을 차지한 다음에는 조금 멀리서도 찾아오는 식당이 되겠다는 목표를 세운다. 조금씩 식당의 영역을 넓혀가다가 지역에서 알아주는 식당이 되면 그다음은 저절로 전국에서 찾아오는 식당이 된다.

동네 상권에서 알아주는 식당부터 되자

어떤 업종이든 동네 상권에서 알아주는 식당이 되는 것이 최우선 목표다. 동네 상권부터 장악해야 한다. 이것을 먼저 이루지 못하면 아무것도 할 수 없다.

식당 위치가 관광지라서 주로 뜨내기손님들이 찾으니 주위에서 알아줄 필요 없다고 생각하는 사람들도 있다. 2019년만 해도 우리는 코로나19가 올 줄 상상도 못 했다. 사람들이 관광지를 찾지 않는다면 어떨까? 처음부터 동네 상권에서 기반을 다지지 않는다면 어떻게 버틸 수 있겠는가?

동네 상권은 1차 상권이라고 하며 주위 사람들을 대상으로 한다. 동네 사람들이 우리 식당을 알아야 제3자에게 위치와 정보를 알려줄 수 있다. 그들이 다른 지역까지 입소문을 내줄 초석인 셈이다. 동네에서 인정받지 않고는 지역 맛집이 될 수 없다. 동네에서 알아주지 않는 식당이 느닷없이 전국에서 손님이 찾아오는 식당이 되지도 않는다.

식당의 목표와 계획을 구체적으로 세워야 한다

내 주변에서부터 한 단계씩 범위를 넓히는 것이 좋다. 다음 페이지 그림을 보면, 1차 상권은 인근에서 쉽게 올 수 있는 거리다. 동네 상권에서 인정받은 다음에 2차 상권을 욕심내야 한다.

2차 상권은 다른 동네에서 차를 타고 올 수 있는 거리를 말한다. 1차 상권보다 조금 더 넓은 상권으로 거리가 있어도 찾아오는 것이다.

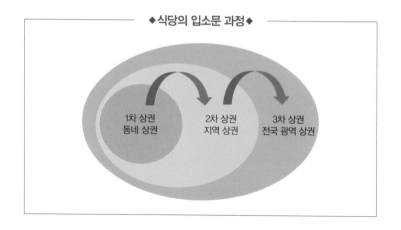

◆식당의 입소문 과정◆

1차 상권
동네 상권

2차 상권
지역 상권

3차 상권
전국 광역 상권

지역 상권 손님들이 찾아오면 하루 매출은 100만~150만 원을 훌쩍 넘을 것이다(상권과 지역마다 조금씩 다르다). 이렇게 2차 상권까지 자리 잡고 나면 3차 상권, 즉 전국에서 손님이 몰려오는 식당을 넘봐도 된다(3차 상권을 광역 상권이라고 한다).

2차 상권에서 어떻게 알고 사람들이 찾아올까? 물론 SNS의 영향도 있지만 대부분 1차 상권의 손님을 통해 알게 되었을 것이다. 우리가 알고 있는 전국의 유명 식당들도 처음에는 동네부터 시작했다. 1차 상권에서 튼튼한 뿌리를 내리지 못하면 쉽게 무너질 수 있다.

어느 날 갑자기 전국에서 찾아오는 3차 상권이 되기는 불가능하다. 1차 상권부터 1등이 되기 위해 노력해야 한다. 이런 계획 없이 '무조건 잘될 거야' 하는 생각은 금물이다. 중간 단계를 건너뛰고 바로 전국에서 찾아오는 식당도 없다. 모든 출발은 가까운 주변부터라는 것을 명심하자.

식당은 인테리어 🔥 파는 곳이 아니다

식당 인테리어 좋다고 장사 잘될까?

식당 창업을 할 때 가장 신경 쓰는 것이 몇 가지가 있다. 그중 하나가 식당 인테리어다. 요즘은 인테리어가 예쁜 식당이 너무 많다. 어떤 곳은 입이 벌어질 정도로 감탄이 절로 나오고 기억에도 오래 남는다. 매일 스마트폰으로 들여다보는 SNS 세상은 온통 화려하고 예쁜 식당들뿐이다. 그러다 보니 대부분의 사람들이 식당을 창업할 때 인테리어가 뒤처지면 안 된다고 생각한다.

내가 파는 음식과 인테리어의 궁합을 살펴라

그래서일까? 사람들은 너무 많은 비용을 인테리어에 투자한다. 겉모습이 화려하고 예쁜 식당들이 너무 많으니 주변 환경에 세뇌

되는 것이다.

자원을 잘 배분해야 성공 확률을 더 높일 수 있다고 생각하지만 예쁜 식당들을 보면 인테리어 욕구를 통제하기 힘들다. 일단 식당이 예뻐야 한다는 생각에서 헤어나지 못하다가 결국 인테리어 비용이 예상보다 몇십 배를 넘어서기도 한다. 하지만 내 건물도 아니고 남의 건물에 월세를 내야 한다는 사실을 잊지 말자.

사람들이 인테리어에 혹하는 모습을 보고 우쭐해서는 안 된다. 식당은 음식을 파는 곳이다. 무엇보다 음식에 힘을 주어야 한다. 인테리어를 봐달라고 식당을 차리는 것이 아니다. '좋은 게 좋은 거 아냐?' 하는 관점에서 본다면 인테리어가 예쁜 식당에서 먹고 싶은 게 당연하다. 그렇다면 인테리어가 예쁜 식당이 장사가 잘되고 오래가야 한다. 하지만 현실은 그렇지 못하다. 여기서 분명한 것은 인테리어가 식당의 성공을 좌우하지 않는다는 사실이다.

자신이 만들고자 하는 식당, 팔고자 하는 음식과 인테리어는 궁합이 잘 맞아야 된다. 다시 말해 팔고자 하는 음식(가격)과 분위기가 어긋나지 않아야 한다는 것이다. 대중적인 음식을 파는 데다 가격도 일반적인 수준인데 인테리어가 지나치게 화려하면 손님들은 부담스럽게 느끼고 오히려 찾아오지 못한다. 빚까지 내면서 인테리어에 집착하지 말자. 내가 할 수 있는 자원에서 해야 한다. 그것만으로도 충분하다.

식당의 제1조건은 음식이어야 한다

식당 차리기에 자금이 조금 부족한데도 인테리어에 욕심을 내서 남의 돈까지 빌려 쓰는 일은 없어야 한다. 인테리어에 투자하느니 차라리 간판을 크게 만들어 고해상도로 출력한 음식 사진을 걸어두는 것이 백 번 낫다. 아니면 출입구(파사드) 정도만 눈에 잘 띄게 인테리어를 하는 것이 바람직하다.

그 외의 자금은 음식의 품질을 높이는 데 투자하자. 실력은 부족하면서 외형에만 투자해서는 안 된다. 조금 세련되지 못하다고 장사가 안 된다는 법은 없다. 다시 한 번 강조하지만 식당에서 중요한 것은 음식이지 예쁘고 세련된 외형이 아니다. 자금이 부족하다면 인테리어는 과감히 포기하고 손님이 만족할 만한 음식을 만드는 데 투자하자. 무엇이 가장 중요한지를 알고 올바른 선택과 집중을 하는 것이 성공하는 식당의 제일 조건이다.

최고의 인테리어는 손님이다

음식으로 승부를 볼 때는 어중간하면 안 된다. "와!" 하는 감탄사가 저절로 나와야 한다. 물론 외형과 음식 둘 다 좋으면 더할 나위 없겠지만, 그런 식당은 몇몇 고급 식당의 몫으로 남겨두자.

식당의 최고 인테리어는 홀을 가득 메운 손님이다. 식당이 손님들로 꽉 찬 모습이야말로 흉내 낼 수도, 따라 할 수도 없는 최고의 인테리어다. SNS에 손님들로 꽉 찬 인증 사진 한 장만 올리면 그 어떤 인테리어보다 더 많은 호기심과 궁금증을 불러일으킨다. 그런 사진에는 어떤 설명이나 홍보성 글을 달지 않아도 이미 고객들은 다 안다.

"뭐지? 뭐야? 저 식당? 왜 매번 저렇게 만석인 거야?"

인스타그램이나 블로그를 살펴보자. 인테리어가 예쁜 식당은 인테리어 사진이 전부다. 음식에 대한 정보는 많지 않다. 인테리어 말고는 내세울 게 없기 때문이다. 인테리어를 배경으로 인증 사진을 찍고 나면 그걸로 끝이다. 이런 손님들은 한 번 왔던 식당에 다시 방문하지 않는다. 또 다른 외모지상주의 식당을 찾아 이동하기 때문이다. 인테리어가 예쁜 식당을 찾아다니는 것도 한두 번이면 족하다.

맛집을 찾는 손님들은 다 알고 있다. 어떤 식당이 진짜배기인지.

맛에만
매달리지 마라

식당의 중심은 맛?

자신의 식당에서 파는 음식에 자부심과 믿음이 없는 사장은 없을 것이다. 하다못해 풋고추를 찍어 먹는 고추장이나 쌈장까지 자기 식당만의 비법이 있다고 한다. 그만큼 식당에서 가장 중요한 부분이 맛이다. 일단 손님이 맛있게 먹어야 한다.

손님이 음식 맛에 만족해야 입소문을 내고 자연스럽게 단골이 늘어나서 자리를 잡는다. 하지만 이러한 전형적인 성공 패턴도 고정관념에 지나지 않는다. 나 또한 부모님의 손맛을 배워서 맛으로 승부하면 반드시 잘될 거라는 생각으로 덜컥 차렸다가 실패하고 말았다.

사장들이 빠지는 똑같은 함정

동네 골목이든 큰 상권이든 진지하게 둘러보자. 그 많은 식당 중에 맛없는 식당이 있는지. 웬만해서는 그럭저럭 맛있고 먹을 만하다. 대중적이고 평범한 맛을 내는 식당이 대부분이다. 식당들이 까다로운 소비자의 입맛을 잡으려고 노력한 결과 맛은 평준화되었다.

대부분의 식당 사장님들은 맛에 너무 집착한다. 맛이 있어야 손님이 온다고 생각하고, 식당이 고전하는 이유는 맛이 없기 때문이라고 생각하는 것이다.

이런 사장님들이 공통적으로 빠지는 함정은 맛에만 집중하다 다른 곳을 보지 못한다는 것이다. 나 또한 마찬가지였다. 식당은 아주 복합적인 요소가 톱니바퀴처럼 서로 맞물려 돌아가야 한다. 예를 들어 손님에게 제공되는 서비스와 직원의 말투, 응대하는 방법, 외부적으로 마케팅과 광고, 하다못해 직원의 걸음걸이까지 영향을 준다. 하지만 정확한 원인을 모른 채 맛에 원인이 있다고만 생각하니 다른 부분들은 보지 못하는 것이다.

식당의 본질은 음식을 파는 곳이다. 음식이 맛있어야 한다. 부정할 수 없는 사실이다. 하지만 백이면 백 다 만족할 수 있는 맛이 존재할까? 맛의 기준을 누가 정하냐고 묻는다면 과연 명쾌하게 답할 수 있을까?

식당은 맛이 전부가 아니다. 맛은 기본 중에 기본이고 거기에 다른 요소들이 균형 있게 잘 어울리고 톱니바퀴처럼 잘 맞물려야 비로소 기초가 튼튼한 식당이 된다.

맛의 기준은 없다

영화 〈반지의 제왕〉에 나오는 '절대반지'처럼 맛에도 '절대맛'이 있다면 좋겠지만 그런 맛은 존재하지 않는다. 아무리 5성급 호텔, 세계적인 셰프가 만든 음식이라고 해도 입맛에 맞지 않을 수 있다. 맛이란 지극히 개인적이고 주관적이기 때문이다.

사람마다 입맛이 다르다. 또 어떤 기분으로 먹느냐, 누구와 함께 먹느냐에 따라서도 맛이 달라진다. 배가 고플 때 먹으면 당연히 더 맛있다. 같은 음식이라도 사랑하는 사람과 먹을 때와 회사의 꼰대 부장님하고 먹는 때 맛이 극명하게 달라질 수 있다.

맛이란 이런 것이다. 아무리 천상의 맛이라고 해도 서너 번 재방문하는 것으로 족하다. 맛으로 승부를 본다거나 식당의 전부가 맛이라는 생각은 버려야 한다.

맛있는 식당 vs 맛있게 하는 식당

이제 맛에 대한 생각을 살짝 비틀어보자. '맛 = 맛있다' 말고 '맛 = 맛있게'로 바꿔보면 다른 것들이 보이기 시작한다. 식당은 맛있게 먹을 수 있는 분위기부터 조성해야 한다. 예를 들어 식당 입구에는 식품의약품안전처에서 발급하는 위생 등급현판을 둔다(위생 등급을 받으려면 까다로운 조건을 통과해야 하므로 그 자체로 고객에게 신뢰를 줄 수 있다). 이어서 식당에 들어서면 역시나 청결하고 깨끗한 실내 분위기를 느낄 수 있어야 한다. 청결한 실내는 음식이 나왔을 때 고객의 반응에 영향을 미친다. "역시 기대했던 것 이상이네",

"역시 음식도 실망시키지 않는군"이라고 반응이 나오게 한다.

식당의 위생과 청결은 기본일 뿐 아니라 맛있게 먹도록 만드는 전략이기도 하다. 식당 구석구석 세심하게 관리한 것을 보고 먼저 고객은 감탄하고 그 감정 그대로 음식 맛에까지 영향을 미치는 것이다. "그래 바로 이 맛이야!" 하고 누구나 맛있다고 인정하게 만드는 것과 누구나 맛있게 먹을 수 있는 분위기를 만드는 것 중 어느 것이 더 현실성 있고 가능한 일인지 생각하면 답이 보인다.

식당이란 지나칠 정도로 손님을 기분 좋게 만들어야 한다. 맛있는 음식을 더 맛있게 느낄 수 있게 만드는 것이다. 손님 앞에서 재롱을 부려 웃음을 주라는 얘기가 아니다. 기분 좋게 음식을 먹을 수 있는 환경을 제공하라는 것이다.

"이 집은 친절하니 더 맛있는 것 같아." 내가 식당을 하면서 가장 기억에 남는 말 중에 하나다. 친절이 손님에게 맛있다는 감정을 자극한 순간이다.

특별한 맛보다 대중적인 맛이 성공 확률이 높다

음식의 맛에 지나치게 매달리지 않더라도 기본적인 맛은 보장되어야 한다. 맛이 없다면 손님들은 더 이상 방문하지 않는다. 나는 맛으로 고민하는 사장들에게 '특별한' 맛을 찾는 대신 '대중적'으로 평범한 맛을 '유지'하는 데 힘쓰라고 조언한다.

사장들은 대개 장사가 조금 안 되면 불안한 마음에 맛의 기준을 스스로 바꾸거나 기존에 하던 조리법이나 양념들을 바꿔 맛에서 변화를 찾는다. 그런데 정작 이런 과정에서 많은 오류가 나타난다. 대표적인 판단 실수 몇 가지를 정리하면 다음과 같다.

첫째, 맛의 기준이란 없는데도 스스로 기준을 만들어 거기에 맞추려 한다. 그리고 어디에 명시되어 있지도 않은 맛의 '이상향'을 찾아 계속 변화를 준다.

둘째, 그렇게 바뀐 음식을 충분한 검증과 테스트 없이 바로 손님 테이블에 낸다. 대기업도 수개월에 걸쳐 시식을 통해 테스트하고 평가받는데 무슨 배짱으로 작은 식당이 테스트 없이 그냥 내는 것일까?

셋째, 스스로 답을 예측한다. 그 답은 고객에게 물어봐야 하는데도 "이 부분이 틀린 걸 거야"라고 섣불리 답을 내린다.

음식 맛이 자주 바뀌면 늘 먹던 손님들이 좋아할까? "사장님, 여기 요리사 바뀌었나요? 전에 먹던 맛이 아니에요." 이런 말을 두 번만 들어도 손님의 재방문은 없을 것이다.

누구나 '아는 맛', 그거면 된다

식당을 찾는 대부분의 손님들은 아주 특별한 맛을 원하는 것이 아니다. 점심 한 끼 먹자고 세상에 없는 맛을 찾는 것도 아니고, 저녁 회식에도 특별한 맛을 기대하지 않는다. 대개는 삼겹살에 소주면 충분하다.

물론 특별한 맛을 파는 식당도 있다. 유기농 식재료를 사용해 더 건강한 음식을 만드는 식당, 영국 왕실에서 즐겨 먹는 송아지

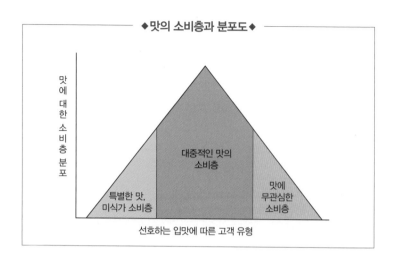

◆ 맛의 소비층과 분포도 ◆

맛에 대한 소비층 분포

특별한 맛, 미식가 소비층

대중적인 맛의 소비층

맛에 무관심한 소비층

선호하는 입맛에 따른 고객 유형

고기를 파는 식당 등 대중적이지 않은 곳도 있다. 하지만 우리의 주 고객층은 특별한 맛보다 대중적인 맛을 더 원한다.

특별한 맛을 찾는 손님을 '미식가'라고 하고, 배가 고플 때 허기를 채우기 위해 먹는 사람들(맛에 대한 호불호가 불분명한 사람들)을 '저렴한 입맛'이라고 한다면, 80퍼센트에 해당하는 대부분의 고객은 '대중적인 입맛'의 소유자라고 보면 된다. 어떤 음식을 먹든지 크게 기대하거나 실망하지 않는 부류다. 특별한 맛을 찾는 소비층은 과연 얼마나 될까? 반면 맛에 딱히 신경 쓰지 않고 오히려 무심하다고도 할 수 있는 소비층은 얼마나 될까?

위의 그래프처럼 고객층은 대중적인 입맛에 가장 많이 분포되어 있다. 가장 범위가 넓은 이들이 식당을 찾는 손님이라고 생각하면 된다. 실제로 우리도 특별한 맛보다 평범한 맛을 내는 식당에서 식사를 한다.

특별한 맛을 찾는 고객층이 많다면 주변에는 식당으로 넘쳐나야 한다. 하지만 우리 주변은 흔한 맛을 가진 식당이 더 많다. 모든 맛집이 평범한 맛으로 승부한다. 그럼에도 불구하고 아직도 특별한 맛이 식당의 핵심 경쟁력이라고 확신하는 사람들이 많다. 식당에서 만드는 음식은 그렇게 특별할 필요 없다. 많은 사람들이 좋아하고 어디서 먹어본 듯한, 일명 '아는 맛'이면 충분하다. 이런 대중적인 입맛의 고객층을 공략해서 승부를 봐야 한다.

무언가 조금 더 특별한 맛을 찾기 위해 노력하는 것도 좋다. 하지만 어떤 손님을 위한 것인지 분명히 알아야 한다. 대중적이고 흔한 맛을 좋아하는 고객층이 전체의 80퍼센트를 넘는다. 대중적인 맛, 많은 사람이 선호하는 맛을 찾으려고 노력해야 한다. 특별할 것 없는 대중적인 맛으로 맛있게 먹었다고 느끼게 하는 전략이 필요하다.

내 것을 먼저 줘야
손님의 지갑이 열린다

이상한 공식 '내 것을 먼저 줘야 돈을 번다'

지금까지 식당을 하는 사장의 자세 가운데 사장의 마인드, 즉 생각을 바꿔야 하는 이유를 말했다. 이번에는 식당이 돈을 버는 구조를 설명하고 그에 맞는 전략과 어떻게 고객의 마음을 사로잡아서 우리 식당으로 오게 하고 재방문을 이끄는지 그 빗장을 풀어보겠다.

대한민국에서 식당으로 성공하기 위해서는 상품을 팔기도 전에 내 것을 먼저 내주어야 한다. 어떻게 보면 조금 이상한 구조이지만 식당 사장이라면 알고 있을 것이다. 문제는 알고 있을 뿐 실행하지 않는다는 것이다. 어떤 사람은 이것을 '정'이라고 표현하는데, 그 단어는 식당에 대입하지 않는 것이 좋다.

식당도 비즈니스다. '정'은 명절에 멀리서 온 친척들과 식구들에게 나눠 주는 것이다. 우리는 세련되게 퍼주고도 이익을 낼 수 있는, 경쟁자는 흉내 낼 수 없는 무패 장사법을 익혀야 한다.

가격과 혜택, 가성비가 곧 가치다

손님의 입장에서 생각해보자. 오늘 점심 한 끼를 때우기 위해 식당에 들어섰고, 국산 돼지고기가 들어간 8,000원짜리 김치찌개를 먹었다. 계산을 하고 카운터 앞에 놓인 사탕 바구니에서 달콤한 사탕 하나를 집어 들고 식당을 나온다. 이렇게 오늘 점심은 해결한다. 이것이 손님은 식당에서 소비하고 식당은 이익을 남기는 과정이다. 여기에 식당이 돈을 버는 구조가 있고, 손님을 제압할 수 있는 실마리도 있다.

우선 8,000원의 비용(가격)에 포함되지 않은 사탕 하나를 덤으로 먹을 수 있으니 손님에게는 혜택(편익)이 있었고, 김치찌개에 들어간 돼지고기가 국내산이었으니 가성비 또는 가심비를 논할 수 있다. 이렇게 가격, 혜택, 가성비 세 가지 요소가 합쳐져 '가치'가 창출된다.

일단 손님의 입장에서 가치란 무엇인지 풀어보자. 식당의 눈높이에 맞춰 가치의 의미를 풀어보면 '반드시 그 식당에 가서 먹어야 하는 이유'다. 마케팅에서 말하는 가치는 다음과 같다.

가치 = 혜택 〉비용

1) 비용보다 혜택이 클 때 가치가 있다.

2) 혜택보다 비용이 클 때 가치가 없다.

좀 더 이해하기 쉽게 손님이라는 단어를 추가해보자.

1) 손님이 지출한 비용보다 혜택이 클 때 가치가 있다.
2) 손님이 받은 혜택보다 비용이 클 때 가치가 없다.

손님은 지출한 비용보다 혜택이 클 때 "가볼 만해", "또 가고 싶어"라고 말한다. 음식에 지출한 비용이 3만 원인데 고객이 5만 원이상의 가치를 느꼈다면 2만 원 상당의 가치가 만들어진 것이다. 결국 손님의 비용은 줄이고 혜택은 많이 준다면 가치 있는 식당, 가볼 만한 식당이 된다.

가치의 관점에서 보면 식당은 두 가지로 나뉜다. 먹으러 가야하는 식당과 굳이 갈 필요 없는 식당이다. 이제 자신의 식당에 어떤 가치가 있는지 살펴보고 비용 대비 혜택이 없다면 마른 수건을 짜듯이 만들어서라도 손님에게 혜택을 돌려주어야 한다.

식당 가치, 역발상이 답이다

해결책을 찾았으니 이제 식당이 손님들로 꽉 차고 밖에서 긴 줄을 설 날이 멀지 않았다고 '유레카'를 외친 것도 잠시, 손님에게 '비용보다 혜택이 크도록' 만드는 과정에서 오류가 생긴다. 손님 입장에서 비용(가격)인 음식 가격을 낮추고 혜택을 많이 주기란 거의 불가능하기 때문이다.

예를 들어보자. 평균적으로 짜장면 한 그릇 가격은 7,000원이고 국밥은 8,000원 정도다. 김밥 한 줄은 2,500원, 삼겹살 1인분은 1만 4,000원 정도다. 손님에게 가치를 더 주기 위해서는 대중적인 가격(준거가격)을 낮춰야 하는데, 오르는 물가에 임대료를 생각하면 골목식당 소상공인들이 가격을 낮추기는 매우 힘들다. 이런 상황에서 낮은 비용을 받고 많은 혜택을 제공할 방법이 없다. 마케팅의 관점에서 보면 틀린 말이 아니지만 식당에는 쉽게 대입하기 힘들다.

아무리 머리 싸매고 고민한들 답을 찾지 못했다. 그래서 일단 가격은 한쪽으로 떼어내고 혜택만 놓고 본다. 어떻게 해야 더 많은 혜택을 손님에게 제공할 수 있을까?

답은 가격을 올려야 한다는 것이다. 앞서 마케팅 관점에서 정의한 가치를 식당에서는 다르게 풀어야 한다. 비용을 낮추고 더 많은 혜택을 제공하는 것이 아니라 더 많은 비용을 받고 더 많은 혜택을 손님에게 제공하면 되는 것이다.

그럼 이제 다시 '가치 = 혜택 〉 비용'의 공식을 재배치해 가치 있는 식당으로 만들어보자.

- **준거가격** : 소비자들이 어떤 제품을 살 때 그 제품의 실제 가격보다는 특정한 기준 가격을 머리에 떠올리는데 이것을 준거가격이라고 한다. 예를 들면 삼겹살 1인분이라고 할 때 떠오르는 가격, 해장국 하면 떠오른 가격이 준거가격이다.

절대 싸게 팔지 마라

많은 식당들이 음식을 싸게 파는 할인 행사를 한다. 나도 한때는 음식을 조금 더 많이 팔고 싶어서 할인 행사를 자주 했다. 할인을 해주면 당연히 조금 더 많이 팔릴 것이라고 생각한다. 이제부터 이런 생각은 절대 금물이다. 자칫 원래 가격보다 싸게 파는 할인의 늪에서 헤어나지 못한다.

한 그릇의 음식을 만들어내려면 피곤함을 물리치고 새벽부터 몸을 일으켜야 한다. 그런데 대부분의 식당 사장들은 그렇게 정성 들여 만든 음식을 원래 가격보다 낮은 가격에 판다. 음식에 들어간 재료와 노동의 합당한 가치를 뭉개버리고 싸게 팔 생각만 한다. 어떻게든 싸게 팔아서 이익을 낼 궁리를 하니 머릿속은 점점 잔머리와 요령으로 가득하고 처음 음식을 만들 때의 자부심은 찾아보기 힘들다.

나도 한때는 싸게 팔아서 어떻게든 식당을 유지하고자 했다. 그렇게 해서 장사가 잘되면 그나마 다행이다. 결과가 좋다면 더 이상 토를 달 필요 없다. 하지만 실상은 어떤가? 음식을 싸게 판다고 해서 긴 줄을 서는 광경이 연출되는 것도 아니다. 한 그릇 먹을 양을 두 그릇 먹는 것도 아니고, 지인을 데리고 오지도 않을뿐더러 배달 전화가 빗발치지도 않는다.

게다가 음식 가격을 낮추어서는 절대 손님에게 양질의 혜택을 제공할 수 없다. 과연 싸다고 찾아가서 먹은 식당이 얼마나 되고 재방문은 얼마나 했을까를 생각해보자. 자신조차 그런 경험이 거의 없다.

본인도 싸게 파는 식당에서 모임을 하거나 굳이 찾아가지 않는데 손님들에게 그것이 먹힐까?

음식을 먹는 손님의 입맛이나 눈높이는 결코 싸구려가 아니다. 내가 속한 상권만 보더라도 짜장면 한 그릇이 3,000원이다. '과연 원가가 얼마이길래 3,000원을 받고도 이익을 낼 수 있는 거지?', '어떤 식재료를 써야 3,000원에 팔 수 있는 거야?'라고 생각하는 손님도 있다. 정성스럽게 만든 음식을 싸게 팔고도 좋은 소리 못 듣는 상황인 것이다(내가 중식당을 하고 있어서 쉽게 설명하기 위해 예를 든 것이지 중식당을 폄하하려는 의도는 아니다).

더 싸게 파는데도 좋은 반응이 없다면 지금 가격보다 더 싸게 팔 것인가? 차라리 한 그릇 만들기 위해 얼마나 많은 노력을 하는지를 손님들에게 알려라. 그러면 멀리서도 그 식당을 꼭 찾아가서 먹어야겠다는 마음이 전달될 수 있다. 싸게 파는 것보다 손님에게 진심을 보여주어야 한다.

가격을 더 받고 팔자

나는 할인을 하다 급기야 소셜커머스와 연계해 음식을 팔기도 했다. 그래도 남는 것이 있겠거니 했는데 수수료를 제하면 남는 게 거의 없었다. 그때는 앞뒤 가릴 처지가 아니었지만 이때 배운 것이 하나 있다. '싸게 팔면 싼 것 찾는 손님만 온다'는 사실이었다.

소셜커머스에서 할인 행사만 찾아다니는 고객이 꽤 많다. 이들은 결코 입소문을 내거나 재방문하는 일이 없다. 여러 번에 걸쳐 시도해봤지만 결과는 같았다. 이들은 할인 음식을 찾는 데만 주안점을 두는 고객들이다. 결코 우리 식당의 단골이 되지 않는다. 할인가를 찾는 손님만 방문해서는 나아질 게 없다. 포기해야 하는 손님이다. 이런 사실을 자각하고 난 뒤부터 지금까지 할인 행사를 하지 않는다. 오히려 가격을 더 많이 받고 팔기로 마음먹었다.

더 받은 가격은 고객에게 돌려드려라

가격을 더 높여야 하는 이유는 손님에게 더 많은 혜택을 주기 위함이다. 그래야 가치를 느낄 수 있기 때문이다. 식당의 가치가 생기면 재방문으로 이어지고, 입소문을 낼 만한 경쟁력을 가질 수 있다. 그렇다면 가격 이상의 혜택은 어떻게 마련할까?

가치를 만드는 초석은 이런 것이다. 음식 가격을 평균 가격보다 1,000원 더 올려 받는다고 가정해보자. 그러면 1,000원이라는 이익이 더 생기는데 이것을 내 주머니에 넣지 말고 고객에게 돌려주자. 추가로 낸 이익만큼 손님에게 혜택을 제공한다는 것이다. 식당은 원하는 가격을 받고, 손님은 다른 식당에서 받아볼 수 없는 혜택을 누린다. 이것이야말로 충분한 가치와 혜택을 손님에게 주는 방법이다. 이를 좀 더 확장해보자.

- 1명이 주문 → 1,000원
- 2명이 주문 → 2,000원
- 4명이 주문 → 4,000원

손님이 많아질수록 제공할 수 있는 혜택도 더 많아진다. 4,000원 정도 모이면 눈에 띄는 혜택을 제공할 수 있다. 3,000~4,000원만 투입하면 해물파전 하나를 푸짐하게 제공하고도 1,000원이 남는다. 4,000원 전부를 해물파전에 쓴다면 소비자가격 1만 원은 족히 넘는 푸짐한 해물파전을 낼 수 있다. 감자탕 식당이라면 뼈를 추가해도 되고 삼겹살이라면 입이 떡 벌어지는 양의 '폭탄달걀찜'을 제공할 수도 있다. 아니면 후식을 주거나 적립 포인트로 혜택을 돌려주어도 된다.

공식은 간단하다. 가격을 올려 받고, 그만큼 손님에게 어떠한 형태로든 더 많은 혜택을 제공하면 된다.

머릿속에 계산기 대신
지우개를 넣어라

식당 사장은 두 부류

식당은 더 내주는 것에 익숙해져야 한다. 그 익숙함이 손님의 감정을 슬쩍 찔렀을 뿐인데 기억에 오래 남는다. 기억에 남아야 다시 방문하고 다른 누군가에게 그 감정을 공유할 것이다. 그러자면 더 채워주고 내주는 식당의 무기를 예리하고 날카로운 비기로 만들어야 한다. 이것이 무디면 아무리 찔러봐야 손님이 느끼지 못한다. 그렇다면 폼 나게 내주는 방법은 무엇일까? 식당이 먼저 손님의 감정을 제압해 재방문을 하고 입소문이 나게 하는 전략을 명확하게 제시해보겠다.

식당 사장들은 두 부류로 나뉜다. 어떻게든 장사가 잘되게 하려는 전략과 전술을 실행해서 결과를 얻는 부류와 아무것도 하지 않는 부류다. 무엇이든 실행해서 결과를 얻어야 다시 일어서서 성공할 것이다.

그들이 실행하지 않는 이유

현재 장사가 잘되든 안 되든 손님을 더 끌어들여서 어제보다 나은 매출을 올릴 수 있는 것이라면 하지 않을 이유가 없다. 그러나 아무것도 하지 않는 사장들이 여전히 많다. 그들이 실행하지 않는 이유는 머릿속에 계산기가 있기 때문이다.

그들의 머릿속 계산기는 무언가를 시작하기도 전에 정답을 예측하는 데 익숙하다. 익숙한 습관과 틀에 박힌 생각들을 고수하는 한 새로운 시도를 할 수 없다. 새로운 것을 받아들이고 바꾸려는 마음이 전혀 없는 것이다. "해봐야 뻔해. 이게 되겠어?"라는 생각이 가득하다. 그리고 그것이 맞다고 믿는다.

그들은 머릿속의 계산기가 잘못된 값을 낸다는 것을 모른다. 더구나 장사에는 정해진 답이 없다. 수학처럼 계산이 정확히 맞아떨어지는 영역이 아니다. 아무리 우수한 인공지능도 식당을 실제로 해보지 않고는 정확한 답을 알 수 없다.

장사에는 오직 '방법'만 있을 뿐이다. 수십, 수천, 수만 가지 장사 방법이 있다. 이걸 모르면서 장사를 하고 있으니 하루하루 연명할 뿐이다. 잘되는 식당의 비법을 알려준다고 해도 배우려 하지도, 인정하지도 않고 쉬운 길, 빠른 길 그리고 요령만 찾는다면 늘 제자리걸음이다.

계산기를 버리자 손님이 돌아왔다

나도 한때는 책에서 말하는 장사 잘되는 방법과 조언들을 비딱한 시선으로 봤다.

'이런 걸 해본들 식당이 달라지겠어?'

내 머릿속에도 계산기가 있었다. 하지만 그것을 버리는 순간 손님이 찾아왔다. 손님에게 더 내준다는 마음으로 가성비 있는 메뉴를 제공하고 이익을 남기면서도 경쟁자는 감히 따라 하지 못하는 혜택을 제공하자 장사가 저절로 잘되었다.

안타깝게도 많은 식당 사장들은 가성비 있는 메뉴를 실제로 만들어보지도 않고 머릿속 계산기를 두드려 '그렇게 만들어봐야 남는 게 없네'라고 결론 내린다. 메뉴당 원가가 35퍼센트를 넘어서는 안 된다는 근거 없는 말을 끝내 믿으면서 남들과 다를 게 없는 음식을 내고 장사가 안 된다고 한숨을 쉰다.

원가의 마지노선이 무너지면 식당은 살아남지 못한다고 생각한다. 매달 월세 걱정을 하면서도 그 알량한 마지노선을 지키고 있는 것이다.

줄 거 주고, 받을 거 받아라

정말로 식당이 원가 때문에 망하는지, 일단 손님에게 신명 나게 퍼주고 나서 판단해보자. 식당에 손님이 없다는 것은 팔리지 않는다는 뜻이다. 팔리지 않으니 버려지는 식재료가 생기고 손실이 발생한다.

2020년은 코로나19 여파로 국내 기업들의 매출이 역대 최저로 줄어들어 1,000원 팔아 46원을 남겼다고 한다. (이윤화, "삼성·하이닉스 빼면 1000원 팔아 46원 남겨..3곳 중 1곳 좀비기업 '역대 최대'", 〈이데일리〉, 2021. 6. 3.)

단순하게 생각하면 답이 쉽게 나온다. 대기업도 1,000원어치 팔아서 46원 남기는데 식당은 어떤가? 더 남기지 않는가? 게다가 내가 제안하는 전략들은 손해를 보고 내주는 것이 아니다. 음식값을 더 받아서 남는 이익으로 경쟁자는 흉내도 못 내는 차별성(어떻게 팔고 있는가)을 만들자는 것이다. 그래야 자신의 식당에 온 손님을 단골로 만들 수 있다.

버려지는 식재료를 보고도 원가를 따지면서 손님에게 내어주는 게 아깝다면 당장 식당을 접어야 한다. 짜장면 한 그릇 먹는다고 딱 한 그릇만큼의 혜택을 주는 것과 그 이상의 혜택을 주는 식당, 당신이라면 어느 쪽으로 가겠는가?

식당은 무조건 음식이 팔리는 구조로 만들어야 한다. 지금 당장 머릿속 계산기를 버려라.

정답은
'어떻게'에서 나온다

생각의 태도가 결과를 바꾼다

많은 식당에서 여전히 남들과 다른 무언가(독특한 메뉴라든지 독특한 식재료라든지)를 찾는다. 이런 현상은 불경기일수록 더 심해진다. 식당 창업을 고려하고 있는 사람들도 마찬가지다. 독특한 메뉴여야 손님의 관심을 한 번이라도 더 받아서 입소문으로 직결될 것이라고 생각한다.

나도 장사가 어려울 때 부모님에게 배운 조리법을 이리저리 바꿔보았다. 고기 완자를 만들어 짬뽕에 넣어보기도 하고, 자연산 골뱅이를 넣어보기도 했고, 닭짬뽕을 만들어보기도 했다. 그런데 특이하고 특별한 음식의 문제는 어떻게 꾸준하고 일정하게 만들어내는가였다. 결과는 내 몸만 피곤하고 손님들만 어리둥절할 뿐이었다. 독특한 메뉴가 나왔다고 해도 호기심에 한 번 맛보는 것이 전부다. 재방문으로 이어지기는 매우 힘들다.

많은 시도를 해보고 나서야 알게 된 사실은 '독특한 메뉴 또는 특별한 맛이 중요한 게 아니라는 것'이다. 남들과 똑같은 메뉴, 대중적인 맛이라도 '어떻게 파는가'에 따라 결과가 달라진다.

나는 어떻게 팔 것인가에 대한 전략을 이렇게 풀었다. 손님이 충분한 가치를 느낄 수 있도록 많은 혜택을 제공하고, 돈 쓰는 게 아깝지 않고 기분 좋은 식당을 만드는 것이다. 이것을 실행하기 위해 먼저 내주고, 그러기 위해서는 앞서 말한 것처럼 머릿속 계산기를 버려야 한다. 손님에게 더 많은 혜택과 기대 이상의 가치를 제공하는 전략을 좀 더 깊게 파고들어 보자.

이제 '가치비'를 생각하자

공식은 간단하다. 가격을 올린 만큼 가성비 있는 음식을 만드는 것이다. 이것이 고객이 가치를 느끼는 구조이며 식당이 충분한 이익을 내면서도 경쟁자가 따라올 수 없는 차별화를 만들어내는 구조다. 여기서 조금 수정할 부분이 있다. 가성비란 가격 대비 성능, 즉 싸고 좋은 품질을 말한다. 나는 가격을 올려 받았으니 가성비하고는 거리가 멀다.

나는 이 구조를 재정의하기로 했다. 비용을 올리고 그만큼 혜택을 주어 고객이 돈을 써도 아깝지 않다고 느끼는 것을 '가치비'라고 이름 붙였다. 가성비는 더 이상 손님들에게 크게 와 닿지 않는 단어가 되었다. 여기저기서 남발하다 보니 점점 가치와 신뢰도가 떨

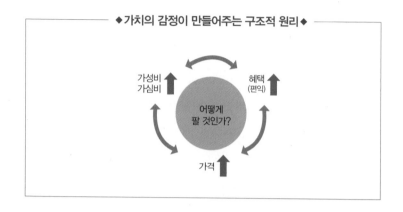

가성비
가심비

혜택
(편익)

어떻게
팔 것인가?

가격

어진다. 가성비를 믿고 갔다 되레 속은 기분마저 들 때도 종종 있다. 원조, 명품이란 단어도 흔하지 않을 때는 힘이 있었지만 너도나도 쓰면서 더 이상 믿지 않게 된 것처럼 말이다.

나는 '무사(무패 사장)'가 되는 비결로 가성비 대신 '가치비'를 강조한다. 가치비 하나만 내 것으로 만들어도 경쟁에서 지지 않는 무사가 될 수 있음을 확신한다.

보통과 곱빼기 값이 같은 식당, 짬뽕 먹다 남은 국물이 아쉬울 때 공깃밥을 주는 식당, 생각지도 못한 다양한 후식이 무료로 제공되고 면을 공짜로 리필해주는 식당, 사리 값을 받지 않는 식당, 푸짐하게 먹고 계산할 때 금액의 일정 퍼센트를 포인트로 되돌려주는 식당. 손님들은 이런 식당에 지불하는 돈이 아깝지 않다고 생각할 것이다.

손해를 보지 않으면서 이익까지 낼 수 있는 가성비 메뉴의 비밀은 가치비를 적용하는 것이다. 이제 가치비를 만들고 전략적으로 사용해야 한다.

'어떻게' 팔 것인가는 간단하다

골목에는 수백 군데의 식당이 자리 잡고 있다. 중식부터 한식, 분식, 파스타, 호프집, 실내 포차까지 파는 음식도 다양하다. 그 식당 사장님들이 공통적으로 물어보는 질문이 있다.

"어떻게 코로나 시국에도 맨날 대기 줄이 길게 늘어서는 거야? 비결이 뭔지 좀 알려줘."

나는 그 질문에 늘 한결같이 대답한다.

"특별한 비결 같은 것은 없습니다. 어떻게 팔 것인가에만 집중합니다. 어떻게 하면 손님이 우리 식당을 찾고 다시 방문할 것인가, 저는 여기에만 집중합니다."

어찌 보면 식당의 성공 전략은 단순 명쾌하다. 받은 만큼, 아니 받은 것보다 조금만 더 돌려줘도 손님들은 기꺼이 지갑을 연다.

3장

무패 사장이
제안하는
가격의 공식

곱빼기 가격은 생각하지 말자

손님에게 혜택으로 다시 돌려드려야 한다

음식 가격을 내리면 손님은 좋을지 몰라도 혜택을 제공한 식당은 운영에서의 한계에 부딪힌다. 저렴한 가격이라는 혜택을 제공해도 손님이 늘지 않으면 결국 이익이 줄어들기 때문이다. 그래서 음식 가격을 낮춰서 가치를 제공하기는 현실적으로 힘들다. 그 대신 가격을 올려 받은 만큼 손님에게 혜택으로 돌려주는 전략을 구상했다.

이 전략을 실행하려면 두려움을 이겨내는 결단력이 필요하다. 가격을 올렸을 때 고객의 저항을 감수해야 하기 때문이다. 우선 메뉴 하나를 선택해서 실행해보았다. 가장 많이 팔리는 짜장면 가격을 1,000원 올려서 6,000원으로 정했다. 그리고 더 받은 1,000원을 곱빼기로 돌려주고, 그래도 더 먹고 싶은 손님들에게는 얼마든지 짜장 소스와 함께 약간의 면을 리필해주었다.

손님이 "짜장면 하나 주세요"라고 주문하면 이렇게 안내한다.

"저희 식당은 짜장면 보통과 곱빼기 값이 동일합니다. 어떤 걸로 드릴까요?"

이 말이 손님의 귀를 콕 찌르는 순간 손님은 놀라서 눈을 크게 뜨고 말한다.

"곱빼기 값이 같다고요?"

"네, 손님! 더 드시고 싶다면 면도 얼마든지 추가해드립니다." 대부분의 고객은 이 말에 더 놀란다. 다른 식당에서는 좀처럼 경험하지 못한 것이기 때문이다. 대부분의 손님이 '이 동네에 이런 식당이 있다니!' 하며 놀라고, 그 결과 재방문 횟수가 늘어난다. 음식 맛을 업그레이드한 것도 아니다. 단지 더 받은 금액으로 손님에게 혜택을 돌려주었을 뿐이다. 더 내주고 한 그릇 먹을 만한 가치를 만들면서 이익을 낸 것이다.

곱빼기값 받는다고 부자 되지 않는다

일반적으로 중식당은 곱빼기 값을 추가로 받는다. 음식의 양이 많으면 재료가 더 들어가니 값을 더 받는 게 당연하기 때문이다. 이에 대한 손님들도 별다른 저항 심리가 없다. 하지만 나는 다른 중식당과 다르게 아예 메뉴에서 곱빼기를 빼버리고 보통 가격을 곱빼기 가격으로 올렸다.

분명 나는 곱빼기 값을 보통 짜장면 값에 포함해서 받았는데 손님은 그렇게까지 계산하지 못한다. 메뉴판에 짜장면 가격을 '6,000원'으로 표기하고 "보통과 곱빼기 가격이 같고 면 리필도 제공됩니다"라고 자신 있게 알리기 때문이다. 이런 방법으로 손님들의 심리를 더욱 자극한다. 사람은 자극을 받아야 기억에 남고, 다른 사람들에게 입소문을 낸다.

처음부터 이런 결과를 얻지는 못했다. 처음에는 비용을 낮추면서 혜택은 더 제공한다는 것에 초점을 맞췄다. 짜장면 보통 가격 5,000원, 곱빼기 가격도 5,000원으로 1,000원을 낮췄다. 모든 메뉴의 가격을 조금 낮추고 혜택을 늘렸지만 이익이 나지 않았다. 이익이 나려면 손님들이 더 많이 방문해야 하는데 그렇지 못했다. 손님들은 1,000원이라는 금액을 크게 인식하지 않았다. 그래서 1,000원을 올려도 큰 저항이 없을 것이라는 판단이 들었다.

전략을 바꿔 가격을 올리고 그만큼 돌려주기로 했다. 가격을 올렸을 때 예상대로 손님의 저항이 크게 없었다. 주문량은 보통이 더 많아 팔수록 이익이 났다. 면이 무한 리필이라 해도 손해 보는 것이 없다. 어차피 먹는 데는 한계가 있다. 자리 잡고 앉아서 하루 종일 먹을 수도 없다. 리필은 작은 그릇에 두어 젓가락 정도 제공된다. 이걸 더 먹자고 리필을 끊임없이 요청하지도 않는다. 그저 이런 중식당이 있다는 것에 놀라고 입소문 거리가 되고 기억에 오래 남는 것이다.

돈 쓰는 게 아깝지 않은 식당

분명 가격을 더 올렸는데도 손님은 보통과 곱빼기의 가격이 같고 면도 무한 리필이 되는 식당이라고 좋아하며 칭찬을 아끼지 않았다. 손님들의 반응을 한 달 동안 살핀 후 짬뽕도 똑같은 전략을 사용했는데 반응은 더 폭발적이었다.

특이하게도 곱빼기가 있는 업종은 중식이 유일한 것 같다. 칼국수도, 우동도, 잔치국수도, 막국수도 곱빼기는 없다. 만약 면 요리 식당을 운영하고 있다면 한번 곱빼기 메뉴를 만들어보자. 칼국수 가격이 6,000원이면 1,000원 올려 7,000원을 받고 곱빼기 값도 동일하면서 면도 리필해주자.

'자신의 식당에서 돈을 쓸 만한 가치를 만들어주는 것'이 바로 손님 만족이다. 그러면 손님의 지갑은 열리게 되어 있다. 식당이 어려운 이유 중 하나는 손님에게 만족을 주지 못하기 때문이다. 식당은 손님에게 만족을 주려고 노력하지만 손님들은 도통 만족이란 것을 모른다. 때로는 만족은커녕 욕 먹지 않으면 감사한 일이다. 식당은 이것도 해보고 저것도 해보다 안 되니까 지쳐 나가떨어진다.

곱빼기 값이 보통과 동일하면서 리필 면까지 제공되는 식당이 있을까? 있다 하더라도 내가 속한 동네에서 유일무일한 식당이라면 사람들이 기억하고 주변에 알린다.

"우리 동네는 공짜로 면을 리필해주는 식당이 있어."

"그 식당은 곱빼기 값도 안 받아."

손님들은 이 두 가지 사실만을 기억한다. 이 사실이 머릿속에 각인된 손님은 어김없이 재방문을 하고 주변에 입소문까지 내준다. 곱빼기와 면 리필의 원가는 기껏해야 200원 정도다. 넉넉히 계산해도 500원이 넘지 않는다.

나는 이 간단한 공식을 발견하고 줄 서는 식당의 초석을 만들었다. 고객에게 가격 이상의 혜택을 먼저 줘라. 1,000원이 얼마나 엄청난 힘을 가지고 있는지 알게 될 것이다.

짬뽕은 해물이 가치비일까?

가격을 올리고 무척이나 떨리고 간절했던 3개월이란 시간이 지났다. 결과는 어떻게 되었을까? 예상을 훨씬 뛰어넘는 결과가 나왔다. 일매출이 많아봐야 10만 원이던 식당이 20만 원을 넘게 팔기 시작했다. 더 받은 금액으로 고객에게 가치를 제공하고 그토록 원하던 일매출 20만 원을 달성한 것이다. 손님이 줄지 않을까, 지금보다 더 안 좋은 상황이 되지는 않을까 노심초사하던 시간이 희망으로 바뀌는 순간이었다.

이렇게 자신감을 얻고 나니 더 이상 실행하는 데 주저하거나 멈춤이 없었다. 비록 감자탕을 끓이던 구멍 뚫린 테이블과 침울한 분위기였지만 믿어보기로 했다. 나는 또다시 가치를 더 채워줄 메뉴를 탐색했다. 주문량이 가장 많은 짬뽕이 눈에 들어왔다.

그때 짬뽕 가격이 7,000원이었다. 1,000원을 더 올려 받으면 상권에서 짬뽕 준거가격보다 높다는 두려움이 있었지만 고민도 잠시, 곧바로 실행에 옮겼다.

이제 짬뽕 가격은 8,000원이 되었다. 그러고 나서 가장 큰 걸림 돌은 짬뽕에 들어가는 해물이었다. 해물을 추가하는 방향을 모색했으나 1,000원어치를 추가한들 티가 나지 않았다. 그렇다고 메뉴에 '1,000원어치만큼 더 많이 들어갔습니다'라고 표기하기도 모양새가 나지 않았다.

결국 1,000원으로 제공하는 혜택으로

나는 매번 짬뽕을 먹고 남은 국물에 밥 한두 숟가락 정도만 말아 먹었으면 하는 아쉬움이 있었다는 것을 떠올렸다. 바로 이 욕구를 해결하기로 했다. 짬뽕에는 공깃밥을 제공하고 짬뽕밥에는 맛보기 면을 제공했다. 면과 밥을 제공하면서 아쉬움을 채워주었다. 즉시 눈에 띄게 매출이 증가한 것은 아니지만 차츰차츰 입소문이

● 짬뽕밥을 주문하더라도 맛보기 면을 제공해 손님이 느끼는 '이 식당을 와야 하는 이유'와 가치를 하나씩 만들어주었다.

나기 시작했다. 한번 다녀간 손님이 다음에는 직장 동료와 지인들을 데리고 왔다. 이런 식당은 천안에 이 집뿐일 거라면서 응원해주고 맛있게 먹고 간다는 말씀을 꼭 해주셨다.

꼭 해물이 답이 아닐 수 있다. 생각을 조금만 바꾸면 얼마든지 좋은 답을 찾을 수 있다. '이 집에서 돈을 써도 아깝지 않아. 짬뽕을 먹어도 밥을 주고 짬뽕밥을 먹어도 면을 줘. 더 먹고 싶다면 면 리필까지 해준다고. 어차피 값이 같으니까 처음부터 곱빼기를 시켜도 돼.' 가치비 적용으로 고객이 돈을 쓰면서 가치를 느끼게 해주면 된다.

올린 가격을 손님이 알게 하지 마라

식당에서 흔히 하는 실수 중 하나가 있다. 가격을 올리면서 메뉴판에 종이를 덧붙이거나 매직으로 기존의 가격을 찍찍 긋고 새로 변동된 가격을 그 위에 적는 것이다. 이렇게 하면 절대 안 된다. 가격이 변했다면 새로 깔끔하게 메뉴판을 제작하자. 가격이 바뀐 사실을 손님들이 눈치채지 못하게 하는 것이 좋다. 예전 메뉴판을 재활용하면 처음 방문한 사람도 원래 가격과 오른 가격을 알게 된다. 사람의 뇌는 돈에 극도로 민감하다. 돈을 더 지출해야 된다는 사실을 알면 불쾌감이 들 수 있다.

처음에는 나도 가격을 더 올려 받기까지 많이 망설였다. 하지만 일단 해보고 나니 두려움은 금방 희망으로 바뀌었다. 실행하지 않으면 아무것도 바뀌지 않는다. 마음먹고 실행해보자. 그렇게 해서 얻은 결과들이 쌓이면 입소문 거리가 된다. 식당에서 입소문이란 흥행 보증수표와 같다. 어떤 광고보다 더 효과를 발휘하는 엄청난 힘을 가지고 있다. 지금보다 얼마든지 더 많이 팔 수 있다.

의미 있는
퍼주기를 하라

장사하며 작별해야 하는 것들

'가치비'를 다른 말로 이렇게 해석한다.

'의미 없이 내어주지 않기.'

아무런 이득 없이 주인장 마음대로 퍼주기 식은 곤란하다. 퍼줄 때는 의미 있게 퍼주어야 한다. 주인장의 후한 인심이야 더없이 좋은 장사 마인드인 것은 분명하다. 문제는 손님의 뇌에 '의미 있게 기억되지 않는다'는 것이다. 손님의 뇌에 각인되지 않으니 사장님의 넉넉한 인심으로 퍼주고도 입소문이 나지 않는다. 퍼주더라도 떳떳하게 생색내야 한다. 더 중요한 것은 그렇게 퍼주고도 손해를 보지 않는 것이다.

1,000원의 가치비는 얼마일까?

앞서 나는 보통과 곱빼기 값을 동일하게 받고 면 리필을 제공해 입소문을 내는 전략을 썼다고 했다. 이 전략으로 짜장면 값을 1,000원 올렸을 때 4명 이상 주문하면 4,000원의 가치비가 생긴다. 하지만 그것은 내 돈이 아니다. 손님에게 혜택으로 되돌려주어야 한다. 자신의 이익만 챙긴다면 손님은 "별다른 것도 없으면서 비싸기만 하네"라며 발길을 끊는다.

처음에는 '4명 모두 곱빼기를 주문하면 식당이 손해 아닌가?'라는 생각이 들 수 있다. 하지만 곱빼기에 들어간 밀가루 원가는 200원 정도면 족하다. 4명이면 800원의 원가가 들어가고도 3,200원이 남는다.

식당은 늘 원가가 아닌 소비자가격으로 계산하니 답이 나오지 않는 것이다. 아직도 머릿속 계산기를 버리지 못한 까닭이다. 그렇다면 이제 답은 나왔다. 최소 원가 3,200원에 해당하는 무엇인가를 제공하면 된다. 식재료를 풍성하게 넣는다든지 다른 혜택을 제공해도 된다. 단, 고객이 충분히 느낄 수 있어야 한다는 점을 명심하자.

중식당에서 피자를 서비스로 내준다고?

오래전 가족과 외식을 할 때의 일이다. 2인 이상 주문했더니 서비스로 고르곤졸라 피자를 내주는 것이 아닌가. 그 덕에 어린 두 아들은 아주 신나게 피자를 먹었다. 그때의 경험을 우리 식당에 적용해보기로 했다.

피자를 직접 만들어보니 원가가 대략 2,800원 정도였다. 2인 이상 주문했을 때 활용할 수 있는 가치비를 계산해보니 2,000원 정도가 나왔다. 그래서 3인 이상 주문했을 때 피자를 드리기로 결정했다. 물론 아내의 염려도 있었지만 일단 실행해보기로 했다. 며칠 뒤 바로 피자를 구울 수 있는 업소용 오븐을 중고로 구매해서 설치했다.

피자 한 판 만들어내는 1,000원의 힘

우리 식당은 짜장면이든 짬뽕이든 상관없이 3인 이상 주문하면 피자 1판을 제공하는 '중식당'이 되었다. 피자를 주는 전략은 외식을 하면서 자주 접한 경험이었다. 나는 이것을 벤치마킹해서 우리 식당에 적용했고, 손님에게 어떤 혜택을 제공해야 하는지를 실전을 통해 깨달았다.

도우가 얇은 피자는 만들기 쉽다는 것과 아이들이 좋아할 것이라는 장점이 무엇보다 컸다. 그런데 실제로 적용해보니 어른들도 좋아했다. 더구나 적은 금액으로도 다양한 토핑을 추가해 얼마든지 품질을 높일 수 있었다.

1,000원이 모이면 실로 엄청난 것들을 제공할 수 있다. 재료 원가 3,000원이 1만 원의 가치를 느끼게 하는 것이다. 우리 식당을 찾은 손님은 곱빼기 값도 더 받지 않는 데다 3인 이상 주문하면 모차렐라 치즈가 듬뿍 올라간 피자를 하나 더 받으니 백이면 백 가성

비 갑의 식당이라고 말한다. 가치비를 활용해 또 한 번 손해 보지 않고도 손님의 기억에 남을 만한 혜택을 제공함으로써 경쟁자들보다 훨씬 더 많은 가치를 느낄 수 있게 했다.

냉면집도 보쌈집도 얼마든지 가능한 가치비 적용 노하우

출발선은 각자 정하자

가치비를 적용할 때 반드시 1,000원에서 시작하지 않아도 된다. 제공하고 싶은 혜택에 따라 금액을 적게 받거나 더 많이 받을 수도 있다. 어떤 혜택을 제공하느냐에 따라 500원을 받아도 되고, 메뉴에 따라 2,000원을 더 받아도 된다.

돈가스를 파는 식당이라면 기존 가격에서 1,000원을 더 올려 받아 2인 또는 3인 이상 주문 시 피자나 치즈오븐스파게티를 내주어도 된다. 칼국수 식당이라면 파전이나 부추전을 서비스로 내도 좋다. 어느 막국숫집은 면 사리를 공짜로 제공하고 어린아이가 먹을 막국수까지 덤으로 내준다. 보리밥집이라면 반찬으로 나오는 고등어구이를 좀 더 큰 것으로 내어주거나 탕이나 찌개를 하나 더 제공할 수도 있다.

두 마리 토끼를 잡은 냉면 전문점의 가치비 전략

내가 냉면집 사장이라면 두 마리 토끼를 잡을 수 있는 가치비 전략으로 언젠가는 유용하게 써먹겠노라고 아껴둔 비책이 있다. 이것을 각자 식당에 맞게 바꿔서 적용해보자.

냉면집도 보통과 곱빼기 가격을 동일하게 판매해도 좋다. 냉면 사리의 원가는 비싼 편이지만 생각을 살짝 비틀어본다면 충분하다. 또 다른 방법으로 회냉면과 물냉면의 가격을 동일하게 받을 수 있다. 회냉면과 물냉면의 값이 동일하다면 대한민국에서 흔하지 않은 냉면집이 될 것이다.

실제로 이런 냉면집을 본 적이 없다. 비싼 회가 들어가기 때문에 당연히 회냉면이 더 비싸다고 생각한다. 하지만 회냉면에는 육수가 안 들어가고 물냉면에는 회를 비롯한 양념이 안 들어간다. 이것을 서로 상쇄하면 다르게 받을 이유가 없다. 여기서 회 양념에 들어가는 고추장을 비롯한 양념장 원가가 더 들어간다고 따지는 사람도 있을 것이다. 그 작은 차이로 손익을 따진다면 가치비는 엄두도 내지 못할 것이다.

또 하나는 대부분의 사람들이 냉면집에 가서 수육을 잘 안 먹는다는 것이다. 보통 냉면만 먹고 나온다. 식당 입장에서는 수육도 냉면처럼 많이 팔려 매출이 오르기를 바라지만 냉면집에 수육은 대표 메뉴도, 식사 메뉴도 아니다. 더구나 사이드 메뉴라고 하기에는 상당히 부담되는 가격이다. 정말 어정쩡한 포지션이다.

수육까지 팔리게 하는 전략은 이렇다. 냉면 한 그릇에 1,000원을 올려 받는다. 대신 3인 이상 냉면을 주문 시 '맛보기 수육'을 내주는 것이다. 이것이 냉면 전문점에서 단돈 1,000원으로 가치를 느끼게 하는 전략이다.

맛보기 수육은 수북하게 쌓아주는 것이 아니다. 말 그대로 맛을 볼 수 있을 정도만 주면 된다. 고기 여섯 점이면 한 사람당 두 점씩 먹을 수 있다. 3인 이상 주문 시(또는 4인 이상 주문 시)에는 활용할 수 있는 가치비가 3,000~4,000원이 생긴다. 그런데 고기 여섯 점의 원가를 따져본 뒤 오히려 손해라고 고개를 절레절레 흔든다면 다른 대안도 있다.

손해 본다고 두려워하는 사장님에게

다시 한 번 더 비틀어보자. 3인 이상 주문하면 3,000원의 가치비가 생긴다. 여기서 하나의 전략을 더 추가해본다. 냉면을 3인 이상 주문 시 2,000원만 추가하면 맛보기 수육을 제공하는 것이다. 3,000원의 가치비에 2,000원을 더하면 5,000원이 된다. 맛보기 수육을 충분히 만들 수 있는 가치비가 생기는 셈이다.

손님은 2,000원을 더 내고 수육까지 먹을 수 있으니 다른 냉면집하고 비교해도 손색없는 가치를 충분히 느낄 것이다. 하지만 여기서 무패 사장들의 전략은 손님의 생각보다 반 발 앞선다. 손님의 예상보다 살짝만 많은 양을 제공하면 바로 "와" 소리와 함께 스마트폰을 꺼내 사진을 찍고 SNS 여기저기 '#냉면가성비맛집'이라고 공유한다. 이것이 바로 손해 보지 않고 이익을 챙기면서 덤으로 손님을 제압하고 SNS 입소문까지 얻는 전략이다.

그 외에 냉면과 수육을 세트 메뉴로 구성해서 판매하는 전략도 있다. 식당 입장에서는 냉면과 함께 수육까지 팔아서 매출까지 챙기는 셈이다. 또 회냉면과 물냉면의 가격까지 같다면 과연 손해일까? 식당은 음식을 많이 팔수록 이익이 생긴다.

이렇게 가치비를 이용해서 손님에게 돌려줄 수 있는 혜택이 많다. 다만 시도하지 않기 때문에 못하는 것이다. 어설픈 가성비로는 손님도 인정하지 않고 입소문 거리도 되지 않는다. 손님은 속았다고 느껴질 때 바로 SNS와 블로그 리뷰에 피가 거꾸로 솟을 법한 악평을 남긴다.

인원수대로 시켜야 한다는 룰을 깨라

99퍼센트 식당이 똑같은 방식으로 장사한다

식당은 손님에게 인정받는 것을 목적으로 삼아야 한다. 인정받지 못하면 손님의 재방문을 기대하기는 어렵다. 손님이 식당을 인정하는 순간 알아서 소문이 난다. 물론 인정받는 것이 쉬운 일은 아니다. 하지만 생각을 조금만 바꿔도 손님들의 마음을 잡을 수 있는 답이 나온다.

자신의 식당이 속해있는 상권을 조금만 둘러보면 나와 같은 업종 식당이 한두 집 건너 또는 한 블록 건너에 하나씩은 있다. 하나의 상권에 삼겹살집이 딱 한 곳밖에 없을 리가 없다. 이렇게 주변에 경쟁자는 이미 차고 넘친다. 나도 중식당을 바로 앞에 마주 보고 있으며, 우리 가게 양옆으로는 감자탕집 두 군데가 나란히 경쟁하고 있다.

경쟁자보다 우위에 있어야 매출이 오르고 소위 말하는 대박 식당이 될 수 있다. 그런데 5년 전에 차린 식당이나 지금 막 시작한 식당이나 거기서 거기란 느낌을 지울 수 없다. 파는 음식도 비슷해서 뭐 하나 다른 걸 찾아보려 해도 찾을 수 없다.

남들과 다를 게 없는데 손님이 물개 박수를 치고 엄지척을 해주는 일은 절대 일어나지 않는다. 경쟁자들과 차별점을 만들어야 손님들의 선택을 받을 수 있다. 우리 식당에서의 좋은 경험을 손님들에게 남겨주려면 남들과 다르게 팔아야 한다. 하다못해 메뉴 순서를 나열하는 방법부터 판매하는 방식까지 대한민국 식당들의 99퍼센트가 똑같다.

대한민국 식당 99퍼센트가 따르는 룰을 깨자

대한민국 식당은 모두 1인 1인분 또는 1인 1메뉴를 기본으로 한다. 한 사람이 한 그릇을 먹어야 한다는 원칙에 따라 메뉴와 음식양을 구성한다. 누가 정해준 것도 아닌데 가격도 비슷비슷하다. 대·중·소 메뉴도 마찬가지다. 2명은 소, 3명은 중, 4명은 대를 시켜야 한다고 생각한다. 주위에 1인 1메뉴가 기준이 아니라 자유롭게 판매하는 식당이 있는지 한번 살펴보자. 생각보다 많이 없을 것이다. 대한민국 식당들 모두 같은 방식이다.

내가 식당을 차리기 전의 이야기다. 친구 넷이 모여 동태찌개를 먹으러 갔다. 4명이 앉아 동태찌개 3인분을 주문하고 공깃밥 하나를 추가했더니 식당 사장이 레드카드를 꺼내는 축구 심판처럼 한

치의 타협도 없다는 표정으로 "4인이면 4인분을 시키셔야 됩니다"라고 말했다. 그 엄중한 표정과 말투에 주눅 들어 조금 불편한 마음이 든 채로 4인분을 시켜 먹었다.

식당에서는 왜 꼭 1인 1인분을 주문해서 먹어야 할까? 이 질문에 명확하게 답할 수 있는 식당이 있을까? 4명이 3인분을 먹을 수도 있다. 그럼 만약 2명이 와서 4인분을 주문하면 반대로 식당 사장이 "손님, 인원수에 맞게 2인분만 주문하셔야 돼요"라고 말하는가? 손님의 입장과 사정은 뭉개버리고 식당이 하고 싶은 대로 팔고 있는 것이다.

'어떻게 팔고 있는가?'라는 것으로 손님의 감정을 자극하고 사로잡고 싶은가? 그렇다면 이와 같은 암묵적인 원칙을 먼저 깨야 한다. 고정관념을 깨면 비로소 남들과 다른 것이 떠오른다.

룰 브레이커는 내가 먼저

"1인분 적게 주문하셔도 됩니다. 넉넉하게 드리겠습니다."

이렇게 손님이 눈치 보지 않게 먼저 선수를 쳐야 손님은 인정해준다. 어려울 것도 없다. 생각을 비틀어야 한다. 1인 1인분을 꼭 지켜야 하는 것도 아니다. 손님에게 인원수대로 시켜야 한다고 기 싸움을 할 필요가 없다. 인원수대로 주문한다고 해서 금방 부자가 되는 것도 아니다.

식당이 먼저 이상한 원칙을 깨면 손님들은 찾아오기 시작한다. 한 사람의 손님이 누군가를 데려오고 같이 온 손님이 다시 누군가를 데려온다. 단골이 되는 과정은 이렇다. 식당이 먼저 내주면 된다. 아주 조금만 먼저 내주어도 손님은 감동한다. 이 작은 차이가 남들과 격이 다른 식당이 되는 비결이다.

손님이 원하는 방식대로 팔아라

'0'으로 가는 게 유일한 목표였다

나는 배우고 익힌 것을 식당에서 직접 실행해보고 작은 성과를 맛보았다. 무엇보다 밤새워 책을 읽고 자료를 찾아보고 우리 식당에 맞게 살짝 변형해서 전략과 전술을 만드는 것이 재미있었다. 아내와 머리를 맞대고 이런저런 아이디어를 내놓으며 밤이 깊어가는 줄도 모르던 나날들이 쌓여갈수록 식당의 매출도 올라갔다. 그즈음 우리는 무조건적인 실행에 거의 미쳐 있었다.

그만큼 나는 절박했다. 그때 우리의 목표는 이익이 나는 플러스 식당이 아니라 단지 마이너스 식당을 벗어나는 것이었다. 이익이 없어도 좋으니 '0'이라도 만드는 것이 첫 번째 목표였다. 나는 잠자는 시간도 아까웠다. 희망이 보이니 잠도 오지 않았다. 더 많이 읽고 더 많이 찾아보고 기록하고 공부하고 잠자리에 누워서 책을 보

● 매일밤 우리 부부는 더 좋은 방법과 답을 찾으려 노력했다. 배우고 익히면 실행하기 전 끊임없이 계획하고 논의하는 과정을 거쳤고 화이트보드를 옆에 세워놓고 잠들었다. 아이디어가 생각나면 바로 적을 수 있도록 말이다.

다 잠들었다. 새로운 아이디어가 생각나면 메모할 수 있도록 화이트보드를 머리맡에 두고 잠을 잤다.

'0'을 넘어가야 플러스로 갈 수 있는 것이 당연한 진리이지만 자신의 식당이 어디에 위치해 있는지 모르는 사장들이 너무 많다. '0'이라면 적어도 망할 확률은 줄어든다. 망하지 않아야 다시 시도할 기회를 만들 수 있다.

사장은 식당 경영만 하고, 파는 건 손님 마음에 맞게!

일단 뭐라도 실행하면 결과는 반드시 나타난다. 그것이 어떤 스승보다 더 명쾌한 답을 주었다. 그 생지옥 같은 하루하루를 벗어날 수 있는 길은 오직 공부와 실행뿐이라고 확신했다.

이렇게 몇 가지를 실행에 옮기면서 나는 아주 큰 깨달음을 얻었다. '식당이 손님에게 먼저 내주라는 것'이 뭘 의미하는지 알기 시작한 것이다. "이렇게 해야 하는구나", "이런 거구나" 하고 말이다. 손님이 말하지 않아도 식당이 먼저 손님의 가려운 부분을 해결해주어야 한다. 식당의 주인은 엄연히 사장이다. 주인 마음대로 경영해도 누가 뭐라고 할 사람이 없다. 하지만 파는 것은 손님이 원하는 방식으로 해야 한다. 경영에서 '판매 방식' 부분만 따로 떼어내 손님에게 맡겨라.

셋이 와서 2인분을 시키든 둘이 와서 4인분을 시키든 손님들이 원하는 대로 정하게 하자. 인원수대로 주문하는 것을 강요하지 말자. 때로는 2명이 1인분만 주문해서 먹을 수도 있다. 1차에서 배를 채운 손님들이 2차로 우리 가게에 와서 맛보기로 주문할 수 있는 것이다. 이와 같은 손님의 욕망을 식당이 먼저 해결해주면 된다.

결국 손님이 이기는 식당이 대박 식당이 된다

손님이 "1인분의 기준이 뭡니까?"라고 물어보면 어떻게 답할 것인가? 먹는 양이 적어서 반 공기를 먹는 20대 여성 둘도 각각 1인분씩 주문해야 할까? 사실상 1인분은 정해진 기준이나 원칙이 없다. 가끔 "초등학생 몇 학년 이상은 성인 1인으로 주문하세요"라고 친절하게 1인분의 기준을 붙여놓는 식당도 있다. 그렇게 손님에게 강요할 것인가? 4명이 '소(小)'를 시키면 눈치를 줄 것인가? 이런 기준은 지키지 않아도 누가 뭐라고 할 사람이 없다. 그 기준에 목매지 말자. 내가 만드는 것이 기준이다. 틀에 박힌 방식을 벗어버려야 다르게 팔 수 있다.

나는 망하더라도 신명 나게 퍼주고 망하자는 생각으로 실행했다. 아이 셋을 데리고 와서 곱빼기 짜장면 한 그릇을 주문하는 손님도 부지기수였다. 곱빼기는 그대로 나가고 아이들이 먹을 짜장면 세 그릇을 따로 내준 적도 있다. 어른들이라고 다르지 않았다. 2명이 짬뽕 곱빼기 하나를 주문하면서 해장 좀 할 수 있도록 국물을 많이 달라고 한다. 그릇 하나와 국자 하나를 더 달라고 해서 나눠 먹는 손님도 꽤 많다. 하지만 나는 기꺼이 내주고 계산할 때 포인트 적립까지 챙겨준다. 이러면 손해이니 그런 손님은 안 오면 좋겠다는 생각이 든다면 식당을 접어라.

식당은 무조건 음식이 팔려야 존재 가치가 있다. 음식이 팔리지 않는 식당은 폐업 외에 다른 방법이 없다. 둘이서 하나를 시키더라도 우리 식당을 찾아주어 감사하게 생각한다.

기존의 원칙을 깨고 자기만의 원칙을 만들자. 이러한 원칙을 어겼다고 과태료를 물리지도 않는다. 손님이 원하는 대로 파는 식당은 지는 것이 아니다. 결과적으로는 이기는 식당이다.

4장

선택과 집중이
무패 식당을
만든다

메뉴를 줄여야 🍳
식당이 산다

점심 매출 10만 원 식당에 요리가 웬 말

부모님께서 고향으로 돌아가시고 당장 다음 날부터 아내와 둘이 식당을 운영해야 했다. 나는 그동안 주방에서 부모님이 알려주시는 모든 것을 익히는 데 많은 시간과 노력을 투자했다. 무엇보다 식당에서 자란 나의 DNA와 노련한 부모님의 밀착 전수로 배우는 시간을 단축할 수 있었다.

손님이 많지 않아 주방은 혼자서도 충분했다. 홀을 담당하는 아내도 마찬가지였다. 하지만 손님이 조금이라도 몰리면 주방은 순식간에 아수라장이 되고 주문이 밀리기 일쑤였다. 혼자 감당하기에 메뉴가 너무 많았던 것이다. 요리 메뉴가 한두 개라도 들어가면 다음 손님은 적어도 30분 이상 기다리니 짜장면 한 그릇을 먹으러 온 손님이 항의하는 일도 많았다.

부모님에게 너무 많은 것을 전수받은 것이 오히려 어려움으로 작용했다. 동네 중국집에 붙어 있는 수많은 메뉴들, '주방에 서너 명은 있겠구나' 싶을 정도로 많은 메뉴였다. 더구나 메뉴를 줄여야 할 필요성은 느꼈어도 어떤 것을 없애야 할지 몰랐다. 확고한 신념이나 결단력이 없어 섣불리 메뉴를 줄였다간 지금보다 상황이 더 악화되면 어쩌나 하는 걱정이었다.

메뉴가 많아질수록 손님의 의심도 늘어난다

메뉴를 줄이기로 마음먹었지만 여전히 나는 흔들리고 있었다. 하지만 일단 줄여야 그다음 단계를 진행할 수 있으니 무조건 줄여 보기로 했다.

우선 메뉴를 손님의 관점에서 바라봤다. 내가 손님이라면 그 많은 메뉴를 보면서 어떤 생각이 들까? 뭘 먹을지 고민할까? 대개는 앉자마자 메뉴를 한 번 쓱 보지만 주문은 늘 하던 것으로 한다. 나도 안 먹어본 메뉴를 주문하지는 않는다. 괜한 모험을 피하고 싶은 게 사람의 심리니까.

그리고 '저렇게 많은 메뉴를 혼자 만든다고? 이 작은 식당에서? 주방도 작은데 혹시 포장 음식을 사와서 데워주는 건가?' 이런 의심이 들기도 한다. 그래서인지 가끔 대놓고 "사장님 혼자 다 만드시는 거예요?"라고 물어보는 손님도 있었다. 손님은 '기대했던 음식이 아닐 수 있겠다'라는 불안감과 의심이 드는 것이다.

식당 사장 혼자 이 많은 메뉴를 다 만든다 해도 손님의 신뢰도가 좋을 리 없다. 요즘은 대부분 홀에서 훤히 들여다보이는 오픈 주방이다. 주방에 사람이 한 명밖에 없는데 끝내주는 음식이 나올 거라고 기대하는 손님은 거의 없다. 모든 메뉴를 다 잘할 수는 없다. 식당 규모와 상관없이 한 가지 혹은 몇 가지 메뉴에 집중해 전문 식당으로 만들어야 손님들의 믿음과 신뢰를 얻을 수 있다.

아주 가끔 팔리는 메뉴에 들어갈 식재료를 준비하고 관리하려면 그만큼 신경이 많이 쓰인다. 어쩌다 준비를 못 한 날에 주문이 들어오면 손님에게 죄송하다는 말을 해야 한다. 손님의 기분을 맞춰주고자 "다음번에는 꼭 드실 수 있게 준비해놓겠습니다"라는 말도 덧붙여야 한다.

꼼꼼히 준비해도 이런 실수를 하는 경우가 있는데 대부분 식당들이 많은 메뉴를 고집한다. 여러 가지 메뉴를 하려면 그만큼 식재료 저장 공간이 필요하다. 보관 기간 내에 주문이 들어오지 않으면 다 버려야 한다. 자연히 음식의 신선도와 품질이 떨어진다.

메뉴 줄이는 기준을 정하라

우선 포스기 데이터를 활용해 한 달 동안 팔린 모든 음식의 주문량을 보았다. 짜장, 짬뽕 외의 그 많은 메뉴 중 탕수육을 제외하고는 한 달에 세 개도 팔리지 않았다. 이처럼 주문량이 적은 메뉴를 계속 판매하는 것은 비효율적이라 판단하고 무조건 메뉴에서 빼야 한다.

월 판매 백 개 이상 되지 않는 요리 메뉴는 전부 없애기로 하니 탕수육 하나만 남았다. 당연한 결과였다. 나라도 이런 우중충한 식당에서 비싼 메뉴를 시키고 싶지 않을 것이다. 메뉴를 줄이는 것부터 다른 식당과 차별화하면 전문 식당이 될 수 있다.

메뉴 수를 줄이니 혼자 조리해도 음식을 더 빨리 낼 수 있었다. 식재료 회전도 잘되어서 언제나 신선한 재료로 음식을 만들 수 있었다. 관리해야 하는 식재료 가짓수가 줄어들어 그만큼 더 품질 좋은 음식을 만들어냈다. 그러자 손님들이 곧바로 반응을 보였다.

"주방에 사람이 바뀌었나요? 음식도 빨리 나오고 재료도 신선해졌어요."

손님의 주문은 항상 엇박자로 들어온다. 하나 만들어나갈 때쯤 다시 같은 메뉴가 들어온다. 하지만 가짓수가 적으니 아예 처음부터 같은 메뉴가 한꺼번에 주문이 들어왔다. 음식을 미리 만들어놓지 않고 주문이 들어오면 그때부터 조리하는 우리 식당에 적합한 방법으로 계속 발전하고 있었다. 동시에 많은 주문이 들어와도 혼자 할 수 있게 점점 최적화되어 갔다.

볶음밥 안 파는 중식당은 처음

메뉴를 줄이면서 많은 문제점들이 개선되었지만 또 다른 문제는 볶음밥이었다. 볶음밥을 찾는 손님이 꽤 있었지만 주문량이 어중간했다. 더구나 볶음밥은 조리 시간이 너무 오래 걸린다. 볶음밥 1인분 주문이 들어오면, 1인분만 밥을 볶아야 하고 곁들일 국물도 준비해야 한다. 게다가 볶음밥과 비벼 먹을 짜장 소스가 떨어졌다면 다시 만들어야 하니 시간이 두세 배 지체된다.

주문량이 월등히 많으면 문제없지만 그 정도는 아니었다. 그래서 볶음밥 등 밥 메뉴 모두를 없애야 했다. 문제는 볶음밥이 없다면 손님들이 주변 다른 중식당으로 갈 수도 있는 두려움이 있었다. 결국 실행에 옮기는 데는 꽤 많은 시간이 걸렸다. 때마침 천안에 와 계시던 부모님께 볶음밥을 빼겠다고 말씀드리니 아버지께서 깊은 한숨을 내쉬었다. 하지만 나는 일단 메뉴에서 빼고 결과를 지켜보기로 했다.

실행 직후 볶음밥이 없다고 다시 나가는 손님이 많았다. 그런데 매출은 크게 줄어들지 않았다. 그래도 나가는 손님을 볼 때마다 내가 잘하고 있는 것인지 불안감과 초조함이 극에 달했다. 그때 마침 '더본코리아' 백종원 대표를 만날 기회가 생겼다.

백종원 대표의 한마디 "더 기다리세요"

백종원 대표에게 그동안 실행했던 것들을 이야기했다. 다행히 아주 잘했다며 칭찬을 아끼지 않았다. 볶음밥이 없어서 돌아가는 손님들을 보면 다시 추가해야 하는지 고민이라고 하자 백종원 대표의 대답은 간단했다. "더 기다리세요."

그는 아직 우리 식당에 단골층이 적기 때문이라고 설명했다. 3개월이 넘어가고 6개월 정도 지났을 때는 볶음밥을 찾거나 식당을 다시 나가는 손님도 거의 없었다. 또 이 집은 볶음밥 없는 집이라는 사실을 이미 다 알고 오신 분들이 대부분이었다. 차츰 손님이 늘어

● 더본코리아 백종원 대표는 장사에 대해 많은 조언과 실마리를 알려주었다. 이때 질문하고 답하는 내용은 유튜브 '백종원의 요리비책'에 잘 나와 있다.

낮을 때쯤 볶음밥을 찾는 분에게는 너스레로 다른 식당에서 배달시켜 먹어도 된다고 하며 우리는 짬뽕과 짜장면에만 집중하는 식당이라고 안내했다.

중식당에서 볶음밥을 팔지 않는다는 것은 굉장한 부담이었다. 볶음밥을 찾는 손님이 없을 때까지 최소 3개월에서 6개월을 기다려야 했다. 메뉴에 따라 1년 이상 기다려야 하는 것도 있을 수 있다. 하지만 사소하고 작은 것이라도 실행했을 때 결과를 보려면 대력 3~6개월을 기다려야 한다.

메뉴를 줄이는 것은 결코 쉽지 않다. 그 메뉴를 찾는 손님들이 있으면 더더욱 실행하기 두려워진다. 메뉴 수를 줄이면 초반에는 손님이 줄 것이다. 하지만 메뉴가 많다고 식당이 잘되는 것도 아니다. 생각을 바꿔라. 적은 메뉴를 강력하게 만드는 것이 중요하다.

메뉴 🔥 구성하는 법

한 가지라도 잘해야 손님이 찾는 식당이 된다

안 팔리는 메뉴를 없앤 다음 그중에 주문량이 적은 메뉴를 또 없앴다. 메뉴는 점점 간소해졌다. 하물며 면 식사류만 남기고 밥 식사류까지 모조리 빼버렸다. 그런데도 매출은 늘어났다. 이유는 간단하다.

식당을 찾는 손님들의 선택 기준은 정말 깐깐하다. 점심 한 끼, 저녁 한 끼를 먹더라도 이왕이면 다른 집보다 더 잘하는 식당 또는 비교적 나은 식당을 찾는다. 다르게 말하면 '제대로 하는 식당', '끝내주게 하는 식당'이다. 식사 한 끼라도 제대로 먹고 싶은 것이다. 메뉴가 많다는 것은 '이것저것 다 하는 식당입니다'라는 뜻이고, 반대로 메뉴가 적다는 것은 '이것만 하는 식당입니다'라는 뜻이다. 하나라도 제대로 만든다는 의지를 보여주는 것이다. "아니 무슨 배짱으로 메뉴가 이것뿐이야?", "중식당에 메뉴가 이게 전부라고?" 이런 호기심과 함께 "얼마나 자신 있으면 이것만 하는 걸까?"라는 신뢰를 심어준다.

이렇게 메뉴에서 신뢰를 주면 손님은 한 가지라도 제대로 하는 식당을 찾게 마련이다. 이것이 메뉴가 줄어도 매출이 늘어나는 이유다. 오늘 점심에는 칼국수를 먹고 싶은데 주변에 끝내주는 칼국숫집이 머릿속에 딱 떠오르는가? 잘하는 식당 말고 제대로 하는 식당이 있는가? 먹고 싶은 음식을 정말 끝내주게 하는 식당은 주변에 없다. 비슷한 식당들뿐이다. 더구나 지천에 널린 게 식당이니 손님들은 굳이 기억하지 않는다. 정확히 말하면 우리 뇌가 기억해야 하는 이유가 없다.

우리 식당의 포지셔닝을 찾아라

많은 메뉴를 다 잘할 수는 없다. 한 가지라도 잘해야 손님이 기억한다. 선택과 집중을 통해 이것 하나만은 잘하는 집으로 자리 잡아야 된다. 다른 말로 하면 '포지셔닝(positioning)'이라고 한다. 포지셔닝이란 '제품이 소비자들에게 인지되는 모습', 즉 고객이 어떤 식당으로 기억하고 있는지를 말한다.

"사장님 식당은 포지셔닝이 되었나요?"

이 질문에 마땅한 답변을 할 수 없다면 이제부터 손님의 기억에 확실히 남을 포지셔닝을 해야 한다.

오직 팔기 위한 메뉴 말고 끝내주는 메뉴여야 한다

메뉴를 줄여서 차별화하는 것이 최고의 포지셔닝이 될 수 있다. 포지셔닝이 잘되어 있는 예를 들어보자. 식당의 메뉴가 동태찌개 두 가지(얼큰한 탕, 맑은 지리탕)뿐인 A식당이 있다. 그리고 바로 옆 골목 B식당은 동태찌개와 함께 다양한 메뉴가 있다.

A식당은 동태찌개에 승부를 걸었다. 메뉴가 두 가지뿐이니 이것이 실패하면 식당은 망한다. 한 가지 메뉴만이라도 끝내주게 만들려고 식당 사장은 동태찌개에만 집중한다. 같은 러시아산 동태라도 해동을 기가 막히게 해서 생태찌개인가 싶은 정도로 만들어낸다. 반찬도 늘 신선하고 정갈하다. 오직 대표 메뉴 동태찌개에만 집중하니 반찬에 더 신경 쓸 여력도 있다. 이 식당은 점심시간에도 손님들이 몰리고 입소문이 나면서 옆 골목 다른 식당에 다니던 손님들까지 찾아온다. 심지어 주말에는 인근 주민들로 북적북적하다.

B식당은 손님의 욕구를 충족하기 위해 동태찌개, 육개장, 갈비탕 등 다양한 메뉴를 팔고 있다. 근처 다른 식당들과 마찬가지로 점심시간에만 바쁘다. 반면 얼큰한 동태찌개와 맑은 지리탕만 파는 A식당은 점심뿐 아니라 저녁에도 손님들이 끊이지 않는다.

두 식당의 차이는 무엇일까? B식당은 많은 메뉴로 점심시간 매출에 승부를 걸었다. 그래서 점심 한 끼 정도는 먹을 만하다. 하지만 끝내주는 포인트는 찾아볼 수 없다. B식당은 오직 팔기 위한 메뉴 구성이니 해동에 신경 쓸 시간이 없다. 육개장도 만들어야 하고 반찬도 만들어야 한다. 신경 써야 하는 메뉴가 많다. 메뉴마다 달라야 할 반찬 구성은 다 통일이다. 딱히 흠잡을 데는 없지만 지인들에게 B식당을 추천하는 일은 거의 없다. 이런 식당은 집 근처에도 많으니 주말에 가족들과 함께 멀리까지 올 이유가 없다.

A식당은 동태찌개를 먹으려고 오픈하자마자 긴 줄을 서서 기다리고, B식당은 여전히 점심시간에만 반짝 손님들이 몰릴 뿐이다. 이렇게 메뉴 수를 줄여서 전문 식당으로 포지셔닝하는 것이 매우 중요하다. 대표 메뉴에 집중하면 오히려 손님에게 더 잘 기억된다. 이런 포지셔닝 전략은 모든 식당에 적용 가능하다. 분식집도 이제는 수십 가지 메뉴 말고 몇 가지로 압축하고 대표 메뉴가 있어야 한다. 김밥을 다른 분식집보다 끝내주게 만들거나 흔하지 않은 끝내주는 라면을 만드는 것이다. 많은 메뉴를 다 잘할 수 없다. 하나라도 잘하자.

메뉴 구성하는 법

'이 메뉴 하나만은 잘하는 식당'을 만드는 것이 핵심 포인트다. 이것저것 어설프게 해봐야 잘하는 식당이라고 인정해주지 않는다. 하나만이라도 잘하는 식당이 되어야 된다. 그러려면 대표 메뉴가 반드시 있어야 한다.

식당 전체는 무대와 같다. 손님(관객)에게 무엇인가를 보여줄 무대 말이다. 메뉴는 무대에 올라갈 출연진들인 셈인데 여기서 다음과 같이 각자의 역할이 나뉜다.

- **대표 메뉴** : 주연배우. 야구로 치면 한 방 날려줄 4번 타자.
- **서브 메뉴 또는 사이드 메뉴** : 조연배우
- **식당사장** : 무대총감독

가장 먼저 우리 식당을 대표하는 주연배우이자 한 방 크게 날려줄 4번 타자를 만들어야 한다. 식당에서 가장 많이 팔리는 음식 1위부터 5위까지 나열해보자. 이것이 대표 메뉴 후보들이다. 팔고 싶은 메뉴를 슬쩍 끼워 넣어서는 안 된다. 손님들이 가장 많이 찾는 메뉴로 구성해야 한다.

그중에 1위와 2위가 식당의 대표 메뉴다. 나머지 3위부터 5위는 주연배우를 받쳐줄 조연배우다. 식당을 하기 전이라면 가장 잘하는 메뉴가 대표 메뉴다. 이렇게 정해지면 이제부터는 조연배우들의 힘을 빼야 한다. 그래야 주연배우(대표 메뉴)가 돋보인다. 대표 메뉴를 키워야 하기 때문이다. "우리 식당에서 가장 잘나가고 제일 잘하는 메뉴는 이것입니다" 하고 손님에게 알려야 한다.

대표 메뉴로 무장하고 나서도 수시로 업그레이드해야 경쟁력 있는 비기가 된다. 나가 싸워서 이기고도 남을 메뉴는 이렇게 만들어지는 것이다. 이것이 곧 경쟁력이다. 여러 가지 메뉴를 팔아봐야 소용없다. 손님들은 한 가지만 잘하는 식당에 눈길 한 번 더 주게 되며 신뢰감이 생긴다.

메뉴에 대한 집중도는 주방에 사람이 많고 적음의 문제가 아니다. 주방 직원들이 많다 하더라도 대표 메뉴에 집중하는 것이 더 효과적이다.

누누이 말하지만 식당은 '어떻게 팔 것인가'의 싸움이다. 메뉴를 줄이는 것은 선택이 아니라 필수다. 충분한 혜택과 편익을 제공하는 것은 손님이 느끼는 가치를 끌어올리는 일이다. 그리고 몇 가지 메뉴로 식당을 경영하는 것은 고객에게 자신의 식당을 믿어도 된다고 보증하는 것이다.

적은 메뉴가 성공 확률이 높다는 것을 수많은 식당들이 증명해준다. 대한민국의 잘나가는 식당 대부분이 한 가지 또는 몇 가지 메뉴로 장사를 하고 있다. 곰탕 하나로 100년을 이어온 식당(나주곰탕하얀집), 닭갈비 하나만으로 365일 비가 오나 눈이 오나 줄을 서게 만드는 식당(춘천통나무집닭갈비)이 있다. 흔한 삼겹살로 대한민국 고기 판매 1위를 하는 식당(홍천 양지말 화로구이)도 있다. 흔한 짬뽕 하나로도 전국을 제패하고 여기저기 방송에 나오는 식당도 있다. 이것이 메뉴를 줄여야 하는 결정적인 증거다.

대표 메뉴가 없다면 만들고, 있다면 대표 메뉴를 드러내고 적극적으로 알리고 힘을 실어주자. 대표 메뉴가 우리의 식당을 살리는 주역이다.

팔고 싶은 메뉴를 더 잘 팔리게 하는 방법

식당을 대표하는 메뉴와 보조 역할을 할 메뉴들이 정해졌다면 이제 판을 깔아줘야 한다. 대표 메뉴가 서브 메뉴에 밀려나서는 안 된다. 주문량이 가장 많고 식당 매출의 80퍼센트를 책임지는 메뉴로 만들어야 한다.

● 메뉴판에 대표 메뉴를 표시하고 알려주는 것만으로 주문량이 몰린다. 이것이 팔고 싶은 메뉴만 파는 방법이다. 대표 메뉴에 이어 세트 메뉴에도 BEST 메뉴, 히트 메뉴, 누적 판매 1위 등으로 표시해주자.

메뉴를 줄였지만 손님은 되레 '선택 장애'에 빠진다. 사람들은 선택지가 두 가지 이상만 돼도 어떤 걸 선택할지 망설인다. 물론 메뉴를 줄이기 전에도 고민하는 손님들은 많았다. 돈을 지불하는 손님은 자신의 선택이 틀리지 않기를 바란다. 선택의 기준도 없고 뭘 먹어야 하는지 정보가 부족하다면 망설여지게 마련이다. 그래서 손님들은 직원에게 물어본다.

"여기서 가장 잘 팔리는 음식이 뭐예요?"

손님은 한 끼 식사에 불과하지만 만족스럽게 먹고 싶다. 그때 식당이 먼저 정보를 제공하고 어떤 메뉴를 주문해야 하는지 알려주어야 한다. 방법은 아주 간단하다. 식당 벽에 붙인 큰 메뉴판, 또는 메뉴북에 대표 메뉴를 표시해주기만 하면 된다. 조금 더 생각을 확장해서 대표 메뉴, 인기 메뉴, 판매 누적 1위 메뉴를 알린다. 이렇게 표시만 해두어도 대부분의 손님들이 대표 메뉴를 주문한다. 내가 팔고 싶은 메뉴를 선택하도록 유도하는 동시에 선택 장애를 해결해주는 것이다.

이런 표기를 한다고 달라지는 게 있을까 의심도 했지만 결과적으로 대표 메뉴에 주문이 몰렸다. 자동적으로 주방의 동선까지 좋아졌다. 가장 자신 있는 메뉴가 가장 많이 팔린다는 것을 명심하자.

계절 메뉴와 특선 메뉴의 불편한 진실

3년 만에 접은 계절 메뉴

해마다 여름이면 생각나는 계절 메뉴가 있다. 대표적인 것이 냉면과 콩국수다. 부모님이 하시던 중식당도 여름에는 노랑색 바탕에 붉은 글씨로 '콩국수 개시'라고 쓴 작은 깃발 같은 현수막을 식당 입구에 내걸었다.

'더운 여름에 뜨거운 짬뽕보다는 시원한 콩국수지!'

여름에는 당연히 시원한 메뉴를 팔아야 한다고 생각했다. 부모님이 식당을 하실 때도 여름에 콩국수를 드시러 오는 손님과 배달 주문이 엄청나게 늘어났다. 나는 식당 창업과 동시에 죽을 쓰고 있는 상황에서 계절 메뉴 콩국수가 희망으로 보였다. 사람들이 줄을 서서 먹는 모습을 생각하며 매출을 올려야겠다고 다짐했다. 부모님은 오래전부터 인연을 맺어온 서리태 거래처를 알려주셨다. 강

원도 횡성과 평창, 고성, 속초, 양양 등에서 최고 품질의 서리태를 공급받을 수 있었다. 콩을 하루 동안 불리고 삶아서 검은 콩껍질을 일일이 다 벗기고 맷돌 믹서에 갈았다. 그리고 콩국수에 찰떡궁합인 열무김치를 담갔다.

이렇게 해서 매년 5월이면 콩국수를 판매했다. 그런데 3년 정도 판매하고 그다음 해 여름부터 지금까지 팔지 않고 있다. 앞으로도 중식당을 하면서 콩국수를 파는 일은 없을 것이다. 결정적인 이유는 '서리태 콩국수'가 대표 메뉴(주연)가 아닌 데다 콩국수를 팔자고 식당 차린 게 아니기 때문이었다.

여름 콩국수, 여름 냉면은 생각지 말자

여름만 되면 너도 나도 냉면 개시, 콩국수 개시를 알리는 문구를 식당 밖에 붙이고 업종에 상관없이 한 집 건너 한 집이 냉면과 콩국수를 판다.

나처럼 수고를 마다하지 않고 직접 정성스럽게 만드는 식당도 있지만 이미 만들어진 콩국수를 납품받아서 파는 경우도 있다. 사실상 누구나 팔 수 있는 아이템이 계절 메뉴인 셈이다. 자신의 식당에 어울리지 않는 계절 메뉴를 팔고 있다면 계절 메뉴를 만들어서 매출이 올랐는지 스스로 냉정하게 되물어야 한다.

단언컨대 계절 메뉴로 매출이 오르지 않았을 것이다. 결과적으로 손님에게 메뉴를 고를 수 있는 선택지만 더 준 셈이다. 매출이 오르려면 계절 메뉴를 먹겠다고 줄을 서야 하는데, 현실은 찾지 않아도 메뉴에 있으니 별 기대 없이 주문한다.

서리태 콩국수에 쏟은 정성을 대표 메뉴에 쏟아라

나는 콩국수를 팔기 위해 해마다 5월이 되면 매일 새벽 5시에 출근해 불린 콩껍질을 벗기는 것으로 하루를 시작했다. 열무김치가 떨어지면 밤늦게까지 아내와 함께 열무김치를 담가야 했다. 좋은 서리태를 공급받기 위해 항상 거래처에 촉을 세워야 했다. 정성으로 말할 것 같으면 식당 메뉴 중 넘버원이었다.

이 정도 정성이면 계절 메뉴 주문량이 월등히 늘어야 하는데 현실은 그렇지 못했다. 여전히 더워도 짬뽕과 짜장면이 가장 많이 팔리는 메뉴였다. 무엇이 잘못된 것일까?

무더운 여름에는 손님의 니즈(needs)가 시원한 메뉴라는 것은 틀리지 않았다. 하지만 계절 메뉴를 먹기 위해 일부러 분식집을 찾아와 평양냉면을 주문하거나 해물탕집에서 콩국수를 주문하지는 않는다. 손님 입장에서 비슷한 값이면 그것만 전문으로 하는 식당에서 먹는 것이 더 좋기 때문이다.

내가 만드는 콩국수와 제대로 하는 콩국수 전문 식당과는 비교할 수조차 없다. 그러니 손님의 기억에 남을 리 없다. 다른 메뉴를 먹으려다 메뉴판에 있으니까 주문해보는 경우가 대부분이다. 또한 부모님의 계절 메뉴는 나와 다른 상황이었다. 부모님은 한곳에서 50년 가까이 하셨으니 세월의 흔적이 고스란히 남은 노포(老鋪) 업력이 작동했다. 그 업력이 우리 식당에도 작동할 리 없음을 알게 되었다. 아무리 끝내주는 맛을 낸다고 해도 그것만 전문으로 하는 식당을 이길 수 없고 손님에게 인정받기도 매우 힘들다.

가장 큰 깨우침이자 전략은 매일 새벽 5시에 일어나 서리태 콩국수 만드는 정성을 대표 메뉴에 집중해야 한다는 것이었다. 여름에만 판매하는 메뉴 한번 팔아 돈 벌자고 내가 쏟아붓는 에너지를 생각하면 그야말로 비효율적이었다.

서리태 콩국수를 만드는 데 투여하는 시간과 자원을 대표 메뉴에 쏟아부으면 동네 식당 1등은 할 수 있을 것이다. 하다못해 3등은 거뜬할 것이다. 그런데 계절 메뉴가 큰 성과가 없다는 것을 모른다. 가장 잘 팔리는 대표 메뉴 자리에 은근슬쩍 계절 메뉴로 끼워 넣는다.

그것이 착각이고 어리석음이고 욕심이다. 빨리 깨우쳐야 한다. 가장 중요한 것은 아무리 덥고 추워도 계절 메뉴보다 '잘 팔리는 메뉴를 더 잘 팔리게 하는 것'이다. 이것만 생각해야 한다. 그래야 손님들이 알아준다. "이 식당은 이거 하나는 끝내주는군"이라는 소리를 들어야 한다.

이런 불편한 진실을 알게 되자마자 3년 동안 판매하던 계절 메뉴를 없애버렸다. 그리고 그 정성과 시간을 오롯이 대표 메뉴에 집중했다. 더 깊은 맛을 내기 위해 수십 차례 걸쳐 짬뽕 육수를 업그레이드했다. 더 맛있는 짜장면을 만들기 위해 핵심 재료인 춘장을 더 깊이 공부했다. 또 손님들이 원하는 것이 무엇인지 더 세심하게 관찰했다.

결과는 어땠을까? 그 무더운 여름에도 짬뽕이 더 잘 팔렸다. 손님들은 시원한 계절 메뉴를 찾지 않았다. 시원한 여름 메뉴가 없다고 다시 나가는 손님도 없었다. 매출도 눈에 띄게 올랐다. 그 후 시간이 흘러 우리 식당은 짬뽕과 짜장면을 먹기 위해 아침부터 줄을 서는 식당이 되었다.

흔들리지 말아야 한다. 그리고 명심하자.

"잘 팔리는 것을 더 잘 팔리게 해야 한다."

메뉴판의 주연배우를
바꾸지 마라

점심 특선 9,900원 때문에 저녁 장사 망친다

장사가 뜻대로 안 되거나 혹은 잘되다가도 매출이 떨어질 때가 있다. 각자 이유는 다르지만 경기 불황과 같은 힘든 상황에서 자주 눈에 띄는 것 중 하나가 식당 앞에 점심 특선이라고 내건 현수막과 배너들이다.

특선 메뉴는 불안 심리로 식당의 자부심을 내던지게 만드는 것들이다. 월세 내고 직원들 월급이라도 주려면 뭐라도 해야 하기 때문이다. 코로나19 이전에도 이런 식당은 있었다. 단지 지금은 더 많은 식당들이 고통을 겪고 있는 현실이다. 코로나19가 종식된다고 해도 점심 특선을 앞세운 식당은 계속 나올 것이다. 그렇다면 점심 특선 메뉴가 과연 매출을 올려줄까?

점심 특선 메뉴라는 카드를 가장 많이 쓰는 곳은 아마도 한정식

집이지 않을까 싶다. '한정식 점심 특선 9,900원' 메뉴를 미끼로 점심과 저녁 매출까지 잡아보려 하지만 점심만 반짝하고 다시 저녁은 한가해진다. 점심 특선 메뉴는 점심에만 팔기 때문이다. 인간의 뇌는 계산이 정말 빠르다. 어떻게 소비해야 후회하지 않을지를 너무나 잘 알기 때문에 점심 외에는 가지 않는다.

주변을 둘러보면 정말 많은 식당들이 점심 특선 메뉴를 내놓는다. 하다못해 이자카야 술집에서 원래 팔지도 않았던 점심 식사 메뉴를 특선으로 팔겠다며 현수막을 내걸기도 한다. 닭갈비집에서 특선 메뉴로 소바를 팔고 곱창집에서는 메뉴에도 없는 보리밥 정식을 팔기도 한다. 적어도 자신의 식당에서 팔고 있는 메뉴와 연관이 있어야 하는데 전혀 엉뚱한 메뉴를 팔면서 매출이 오르길 바란다. 직접 만들지도 않고 기성품을 가져다 파는 식당도 허다하다. 정성이라고는 단 1도 들어가지 않은 상품에 높은 가격을 써 붙여놓는다.

특별한 것이 하나도 없으니 특선이라고 할 수 없다. 저녁보다 조금 싼 가격과 조금 다른 구성으로 점심에 내놓는 정도다. 하지만 이렇게 해서 오래가는 식당을 보지 못했다. 보리밥 정식을 먹자고 점심에 곱창집이 북적이는 것을 한 번도 보지 못했다.

내가 잘하는 메뉴, 식당에서 주문량이 가장 많은 메뉴를 만들던 그 각오는 어디 가고 그 자리에 점심 특선 메뉴가 들어선 것이다. 그것도 더 싸게 팔거나 자신의 식당과 상관없는 다른 메뉴를 팔고 있다.

정답은 우리 식당 간판에 다 들어 있다

나도 불안하던 시기가 있었다. '이러다 망하는 거 아냐? 지금 이러고 있을 때가 아니지. 뭐라도 해보자' 하는 생각에 계절 메뉴, 점심 특선 메뉴도 해봤다. 힘들 때일수록 흔들리지 말아야 하는데 안타깝게도 너무 쉽게 무너졌다.

그럴 때마다 다음과 같은 방법을 사용했다. 앞으로 식당을 하면서 어렵고 또다시 흔들리는 상황이 오더라도 쉽게 무너지지 않는 특별한 방법을 소개하고자 한다.

식당 밖에 나가서 간판을 바라보자

마음이 흔들릴 때마다 간판을 보며, 간판이 처음 올라가던 날을 기억해보자. 그때의 각오와 심정을 떠올리고 간판에 뭐라고 쓰여 있는지를 다시 한 번 읽어보자. 내 식당 간판에는 이렇게 쓰여 있다. '짬뽕 전문점'. 나는 짬뽕을 팔기 위해 식당을 차렸다. 그것만 잘 팔아도 성공할까 말까인데 이것저것 하려 들지 말자고 다짐하는 것이다. 정답은 간판에 있다.

시시때때로 스스로에게 물어보자

'내가 지금 점심 특선 메뉴 팔자고 식당을 차렸는가?', '내가 지금 계절 메뉴 팔자고 식당을 차린 건가?' 등의 질문을 스스로에게 계속 해보자. 실제로 나는 이 방법으로 흔들리는 마음을 모두 이겨냈다. 계절 메뉴, 점심 특선 메뉴로는 어려운 상황을 해결해나갈 수 없다. 어떤 상황에서도 흔들리지 말고 초심을 기억하며 내가 가장 잘하고

● 천안짬뽕작전이 어떤 식당인지를 보여주는 카피. 메뉴를 줄여서 전문 식당으로 잘하는 메뉴에만 집중하겠다는 식당이라는 것을 알려야 손님들에게 믿음이 생긴다.

가장 잘 팔리는 메뉴에 집중하면 모든 상황을 이겨낼 수 있는 힘이 생긴다.

점심이든 저녁이든 그 메뉴가 생각나서 먹으러 오게 만들어야 한다. 이런 메뉴야말로 핵심 경쟁력이다. 조금 싼 특선 메뉴를 먹으러 오는 손님 대부분은 지갑이 얇다. 재방문율이 어려운 손님층이라는 뜻이다.

헷갈리게 하는 손님의 말에 흔들리지 마라

"사장님, 술안주 메뉴 한두 가지라도 있으면 좋겠어요. 그게 좀 아쉬워요."

술안주 될 만한 요리 메뉴를 없애고 나서 종종 듣는 불만 섞인 요구 사항이었다. 한 달 동안 열심히 해봐야 다섯 개도 안 되는 주문량을 확인하고 판매 중지를 했는데 다시 해달라고 아우성이다. 다시 메뉴에 넣어봐야 주문량은 거의 없을 것이다. 손님은 이렇게 식당을 헷갈리게 하니 종잡을 수가 없다. 이때 흔들려서는 안 된다. 한 귀로 듣고 한 귀로 흘려야 한다.

메뉴를 줄였는데도 놀랍게도 매출은 늘었다. 잘하는 것과 잘 팔리는 것에 선택과 집중한 결과였다. 종종 손님들이 아쉬움을 토로할 때마다 이겨내야 한다. "나는 술 팔자고 차린 식당이 아니다"라고 스스로 다짐하면 된다.

종종 이런 유혹을 이겨내지 못하고 술안주를 추가하는 식당이 있다. 그 순간 남들과 똑같은, 경쟁력 없는 그저 그런 식당이 되고 마는 것이다. 저녁에 팔리는 술안주 하나 더 늘렸다고 매출이 눈에 띄게 좋아질 리 없다.

삼겹살, 찌개, 탕과 같이 술안주 겸 식사류를 파는 식당이 있다. 그런 식당은 술 판매가 뒤따라야 전체 매출도 크게 오른다. 삼겹살이 대표 메뉴인 식당은 삼겹살에 집중해야 한다. 그래야 자연스럽게 술이 팔린다. 상차림으로 내주는 된장찌개에 정성을 들이는 식당도 있다. 삼겹살집에서 된장찌개로 승부를 보고 싶은 것인지 육수를 3시간 이상 끓인다. 그 정성이면 돼지를 직접 키워도 될 것이다.

족발집은 족발에 신경 써야 하고, 보쌈집은 보쌈에 집중해야 한다. 술안주이긴 하지만 대표 메뉴가 끝내주면 술 판매는 따라오게 마련이다. 어떤 메뉴에 집중해야 하는지는 식당 간판에 이미 나와 있다. 나는 내 식당 간판에 써 있는 것처럼 짬뽕, 짜장면을 팔면 된다.

잘되는 식당은 한두 가지 메뉴로 사람들이 줄을 선다. 하물며 술을 안 팔아도 점심뿐 아니라 저녁에도 사람들이 북적인다. 이런 식당이 강한 식당이다.

순댓국밥집에서 순댓국밥 하나 끝내주게 만들기 위해 노력하더니 점점 업그레이드되어 결국 술을 팔지 않는 경우도 있다. 순댓국밥을 먹기 위해 전국에서 찾아와 줄을 서는 손님들이 오래 기다리지 않도록 술을 팔지 않게 된 것이다.

물론 이런 식당이 되기는 쉬운 일이 아니다. 하지만 어렵다고 생각하면 더 어려운 것이다. 해보지 않고는 아무도 결과를 모른다. 술을 팔지 말라는 이야기가 아니다. 술집이 아니라면 술이 안 팔린다고 안절부절하지 말고 술보다 대표 메뉴에 집중하라는 것이다.

🍳 술 팔자고 식당 차린 게 아니다

열심히 일하고 2억 원의 빚을 졌다

어느새 우리 식당은 점심과 저녁 시간을 꽤 바쁘게 보내고 있다. 그만큼 손님이 많이 찾아온다. 하나를 깨우치기 시작하니 더 많은 것들이 보였고 더 과감해졌다. 어떻게 하면 되는지 자신감이 생겼다. 식당을 내가 원하는 방향으로 운영할 수 있다는 확신이 들었다. 그래서 과감히 대출을 받아 오래되고 누추한 식당 인테리어를 바꾸기로 했다. 그런데 뜻하지 않게 불량 업체를 만나 어렵게 대출받은 3,800만 원가량을 사기당하고 말았다. 이제 빚만 2억 정도 되었다.

공사는 중단된 채 업체는 잠적한 상태였다. 통장에 잔고도 없었다. 절망 그 자체였다. 뭘 어떻게 해야 할지 몰랐다. 내가 무너지면 모든 게 끝이라는 생각에 정신을 다잡고 언제나 든든하게 지원해

● 불량 인테리어 업체를 만나 공사가 중단된 상태. 예상하지 못한 인테리어 사기를 당하고 한순간 나의 가족과 식당의 미래를 걱정해야 했다.

주는 아내에게 말했다.

"걱정 마. 이 빚 다 갚고 꼭 줄 서는 식당 만들 자신 있어."

그렇게 우리는 어렵게 다시 오픈했다. 그때 나는 절망과 부정적인 생각보다 왠지 모르게 두근거렸다. 어디에도 없는 그런 식당을 만들어보겠다고 다짐했다.

돌파구는 반전에서 온다

원하는 날짜에 다시 오픈할 수는 없었다. 수습하고 다시 오픈하기까지 한 달이 더 걸렸다. 그 기간 동안 '어떻게 팔 것인가'를 더 깊이 생각하며 우리 식당의 무기를 정교하게 다듬었다.

이미 가치비를 적용하기 위해 메뉴 가격을 한 번 올렸다. 물론 처음 시작할 때 음식값을 저렴하게 책정했기에 가격을 올리는 데

● 우여곡절 끝에 다시 오픈했다. 나와 가족들의 인생도 '천안짬뽕작전'에 달려 있었다. 나는 인생을 걸고 식당에 몰입했다.

저항감이 거의 없었다. 하지만 가치비 적용으로 주변 경쟁자들보다는 가격이 조금 높았다. 또 메뉴를 줄이고 줄여서 대부분의 요리 메뉴들을 없앤 상태였다.

　나는 아직 손대지 않은 메뉴와 가격이 있는지 한번 살펴보았다. 그 순간 요리 메뉴를 팔지 않으니 당연히 술 매출이 적다는 사실이 떠올랐다. 더 이상 술을 팔기 위한 메뉴 구성이 필요 없었다. 하지만 얼큰한 짬뽕과 소주는 궁합이 좋아 주류를 빼기는 무리였다. 그렇다면 술 메뉴를 역이용해 술에도 힘을 빼야 한다는 결론이 나왔다. 여기서도 나는 선택과 집중이라는 칼을 꺼내 들었다. 지금까지 우리 식당이 성장하고 경쟁력을 갖추게 된 것은 모두 선택과 집중 덕분이었기에 이번에도 어느 한쪽을 포기하기로 했다.

술안주가 없으니 술 자체로 승부!

나는 술안주가 없는 단점을 술 매출에 대한 욕심을 버리는 것으로 극복했다. 이전보다 팔리지 않는 술, 어차피 공장에서 만들어지는 술이다. 어딜 가도 똑같은 브랜드에 맛도 똑같다. 술을 가지고 내가 할 수 있는 것이 없다. 그렇다면 굳이 이윤을 따박따박 붙여서 팔 이유가 없다.

결정적으로 식당은 음식을 파는 곳이다. 술 팔자고 차린 식당도 아닌데 술 매출이 줄었다고 노심초사하며 스트레스받을 필요 없다. 밥집에서 술 판매 욕심을 내지 말아야 한다. 술을 팔고 싶다면 술집을 해야 한다. 진정 술 판매에 욕심이 있다면 식당을 접고 술집을 차리는 게 낫다.

내가 팔고자 하는 대표 메뉴를 더 돋보이도록 하기 위해 술 가격에서 거품을 빼기로 했다. 소주 원가는 1,600원(2021년 기준) 정도다. 거기에 부가세를 더해도 2,000원이면 족하다. 여기에 보관비 정도만 덧붙여서 3,000원으로 책정했다. 소주뿐 아니라 모든 술에 적용했다. 술값을 내린 것은 '어떻게 팔 것인가'에 한 번 더 집중하는 전략이다.

그리고 중요한 핵심이 또 있다. 왜 소주를 3,000원에 파는지 이유를 알려주면 백배는 더 효과적이다.

"저희가 만들지도 않는 술 팔자고 차린 식당이 아니니 보관비 정도만 받고 대표 메뉴에만 집중하겠습니다."

큼지막하게 써서 붙여놓은 술 메뉴판을 보고 손님들은 하나같이 이렇게 외친다.

주류종류

저희가 만들지도 않은 술 팔고자 식당 차린게 아니니
보관비 정도만 받고 대표메뉴에만 전념하겠습니다.

소주 3,000
맥주 4,000
칭따오 5,000
음료수 2,000

이과두주 3,000
과일향과 강한 곡물향이 느껴지는 깔끔한 술

연태고량주 (소) 10,000
연태고량주 (중) 15,000
꽃향도 적당하여 뒷맛이 깔끔하여 비교적
먹기편한 중국술

● 술은 대표 메뉴를 위해 그저 거들뿐이다. 술이 안 팔린다고 스트레스받을 필요 없도 없고 술 메뉴에 마진을 붙일 이유도 없다. 중요한 것은 가치비 적용으로 경쟁자들보다 약간 높은 음식 가격을 희석하는 동시에 '술값이 착한 식당'으로 입소문을 톡톡히 내주고 있다.

"와, 싸다."

우리 식당에서 보조 역할을 하는 술을 먼저 내주어야 손님의 주머니에 들어 있는 돈이 내 주머니로 들어온다.

소맥은 식당이 쏜다!

식당이 조금만 양보하면 손님은 자신이 돈을 쓰는 것이 손해인지 아닌지 계산하는 것을 멈춘다. "이 식당 술값 착하다, 착해" 하며 과감해진다.

대표 메뉴들이 준거가격에 비해 조금 높은 편이지만 술 가격이 그것을 희석하는 역할을 한다. 삼겹살집처럼 술이 대표 메뉴만큼 팔리는 음식점에는 적용하기가 힘들 수도 있다. 하지만 생각을 조금 비틀어보면 충분히 답이 나온다. 원래 가격대로 받고 두 병이나 세 병을 마시면 한 병을 덤으로 주는 것도 손님의 기분을 좋게 만드는 방법이다. 자신이 할 수 있는 범위에서 술을 가지고 다양하게 적용해볼 수 있다. 주류 한 종류에서만 마진을 포기해도 좋다(소주를 많이 찾는 식당은 맥주값을 줄인다).

내가 나중에 쓰려고 생각해둔 전략이 있다. 일명 '소맥은 식당이 쏜다'는 것이다. 고깃집이든 술집이든 이미 충분히 먹고 나서 마지막 입가심으로 소맥 한 잔이 생각난다. 하지만 주문한 술은 이미 다 마셨고, 다시 주문하려니 아까운 상황에서 맥주만 주문하면 소주 한 잔은 무료로 제공하는 것이다. 소주 한 병이면 가득 채운 잔으로 일곱 잔 정도 나온다. 원가로 따져봐도 얼마 되지 않는다. 재미도 주고 서로 이득이 되는 술을 이용한 전략이다.

다시 정의하자면 식당은 음식을 파는 곳이다. 그래서 술을 이용

● 입가심으로 소맥 한 잔 더 하고 싶은데 소주가 모자라 아쉽다면 소주 한 잔은 식당 사장이 쏜다. 이처럼 술을 이용한 판매 전략은 무궁무진하다.

해 대표 메뉴에 집중할 수 있다. 각각의 메뉴는 나름의 역할이 있고 다른 메뉴를 서로 돕는 팀워크 체제여야 한다. 물론 이런 것들은 눈에 보이지 않는다. 이것을 손님이 느끼게 해야 한다. 식당이 먼저 고객의 감정을 제압하고, 손님의 입에서 "와~!"라는 감탄사가 나오게 해야 한다.

남들처럼 하면 남들과 다른 경쟁력을 가질 수 없다. 작은 것이라도 달라야 한다. 그 작은 차이가 차곡차곡 쌓여야 한다. 생각을 조금만 바꾸고 실행하는 것이야말로 우리 식당에 무기가 되고 경쟁력이 되는 전략이다.

배달은 하수들의 선택지다

매출의 돌파구로 배달을 선택하다

중식당이라면 당연히 하는 배달을 우리는 처음부터 하지 않았다. 식당을 오픈할 때 배달을 하지 않는 프랜차이즈 중식당이 생겨나기 시작하는 것을 보고 나도 배달을 하지 않아도 되겠다 싶었다. 배달 없이 오직 방문 손님이 성패를 좌우하는 식당이다.

식당을 차리고 3년째 접어들면서 조금씩 자리를 잡아갔다. 식당 경영과 마케팅에 관한 공부와 무조건적인 실행 덕분이었다. 미약하지만 조금씩 나아지고 있었다. 기복이 심하던 일매출이 좋아지니 당연히 월매출까지 좋아졌다. 그렇다고 아주 큰 매출 성장은 아니었다. 조금 더 하면 될 것 같은데 늘 비슷한 수준이었다. 이런 마감이 반복될수록 '왜 매출이 정체되는 거지?'라는 생각이 들고 초조했다.

매출이 정체된 이유를 그때는 몰랐지만 지금 생각해보면 더 기다려야 했다. 그때가 기다림의 임계점이었는데 그것을 참지 못했던 것이다. 무언가 실행했을 때 바로바로 결과가 나타나는 것이 있는 반면 시간을 두고 기다려야 하는 것들도 있다. 대부분 시간을 두고 기다려야 하는 것이었는데 초조함에 그러지 못했다.

그래서 매출을 더 늘리고자 선택한 것이 배달이었다. 처음 식당을 차릴 때 배달을 하지 않겠다고 했지만 배달 앱을 통해 한번 시작해보기로 했다.

배달을 시작해서 매출이 올라가면 나쁠 것 없다고 스스로를 설득했다. 배달을 위한 준비 작업은 빠른 속도로 진행되었고, 어느새 우리 식당은 배달 앱 속에도 존재하게 되었다. 이제 고객은 스마트폰 터치 몇 번이면 우리 식당의 메뉴를 주문할 수 있었다.

과연 배달을 시작하고 원하는 결과를 얻었을까? 결론부터 말하자면 배달은 대략 6개월 정도만 하고 중단했다. 이때도 선택과 집중을 해야 한다는 결과를 얻으면서 나만의 작은 성공 노하우를 하나 더 배웠다.

배달로 우리 식당의 가치만 떨어졌다

배달로 원하는 매출을 더 끌어올린 것은 사실이었지만 식당 경영에서 선택과 집중을 흐트러뜨렸다. 식당은 철저하게 선택과 집중을 중심으로 운영해야 한다. 배달을 하고자 했다면 처음부터 배달 전문 식당을 차렸어야 했다. 아직도 수많은 식당이 배달을 겸하고 있다. 그들이 틀렸다는 것이 아니다. 홀과 배달, 포장까지 잘할 수 있다면 상관없다.

하지만 내 생각은 조금 다르다. 나는 배달 매출이야말로 '사상 누각'이라고 감히 말한다. 매장 판매 위주의 식당이 배달을 겸하는 것은 미래를 장담할 수 없는 일이다. 배달로 매출은 늘었지만 많은 것을 잃는다는 것을 깨닫고 배달을 망설임 없이 그만두었다.

배달을 그만두게 된 이유는 명확하다. 배달로 인해 식당의 가치가 떨어졌기 때문이다. 이렇게 생각한 이유를 여섯 가지로 간추릴 수 있다.

첫째, 배달 전문점과 경쟁해야 한다. 스마트폰 앱에는 두 가지 종류의 식당이 있다. 배달만 전문으로 하는 식당과 손님이 찾아오는 로드숍 구조의 식당이 배달을 겸하는 것이다. 나는 배달만 전문으로 하는 식당과 경쟁하기가 것이 버거웠다. 6개월간 배달에 치중하면서 배달 전문 식당들의 노하우를 따라가려면 배달만 전문으로 해야 한다는 사실을 깨달았다.

둘째, 앱으로 배달을 하는 순간 리뷰의 노예가 된다. 이제 식당은 각종 리뷰를 관리해야 하는데 배달 리뷰는 도가 지나친 경우가 많다. 고객들은 업주와 대면하지 않으니 조금만 맘에 들지 않으면 어디 한번 망해봐라 식으로 악성 리뷰를 집중 포화한다.

배달을 하면서 받는 스트레스는 엄청나다. 실제로 내가 겪은 경험 중에 짜장면 한 그릇 배달 주문하면서 짬뽕 국물을 서비스로 달라는 요청 사항이 들어왔다. 깜빡하고 국물을 챙기지 못했는데 리뷰에 '장사 마인드가 쓰레기네, 그거 아까워서 어떻게 장사를 하겠냐'는 등 장문의 글을 남기고도 분이 풀리지 않는지 전화까지 해서 손님의 요청을 무시한다며 인터넷에 올린다고 협박하는 손님도 있었다.

이런 상황은 적응할 수도 없고 그저 사람의 피를 말릴 뿐이다. 배달 리뷰를 관리하느라 우리 식당을 방문한 손님에게 집중할 수 없었다. 오죽하면 배달 리뷰와 전화로 악담을 퍼붓는 일로 인해서 식당 사장이 쓰러져 사망했다는 뉴스까지 나오겠는가.

셋째, 매출은 늘었지만 단골이라 할 만한 고객층이 없어진다. 배달로 시켜 먹는 사람들은 대부분 그 식당이 어디 있는지조차 모른다. 우리 식당을 좋아하는 강력한 팬을 구축할 수 없다. 매출은 늘어도 입소문이 나지 않는다. 그래서 배달 매출은 사상누각이다.

넷째, 늘 오던 손님도 식당에 직접 찾아가서 먹어야 하는 이유가 없어진다. 전화 한 통, 스마트폰 터치 몇 번이면 현관문 앞까지 가져다주는데 굳이 옷 챙겨 입고 찾아가서 먹을 필요 없다.

다섯째, 배달을 시작하고 어느 시점에 다다르면 식당 홀이 점점 비게 된다(편하게 집에서 시켜 먹으면 되니까). 이러다 보니 식당 앞을 지나가는 사람들에게 '이 식당은 항상 한가하구나' 하는 인식을 심어줄 수 있다.

여섯째, 배달 요금이 점점 오른다. 코로나19로 인해 배달 시장이 커졌지만 생각보다 팔아도 남는 게 적다.(최동수, "배달음식점의 눈물…매출 78%는 앱 수수료 등으로 사라져", 〈동아일보〉, 2021. 8. 3.)

배달, 한번 발 들이면 못 빠져나오는 악순환의 고리

오프라인 매장을 번듯하게 열어놓고 배달에 열심인 사장들에게 묻고 싶다. 배달하려고 수천만 원에서 수억 원의 돈을 들여 멋지고 훌륭한 인테리어에 파사드를 꾸몄냐고 말이다. 이렇게 정성을 들여놓고 굳이 배달을 하느냐고 말이다.

배달 전문 식당은 홀도 없다. 방문하는 손님을 받지 않으니 작은 곳이라도 시작하는 데 아무런 문제가 안 된다. 2층이든 지하든 상관없고 주방이 들어설 공간만 있으면 충분하다. 아무도 모르는 외진 곳이라도 가능하다. 그래서 권리금도 없고 보증금도 1,000만 원이면 훌륭한 곳에 얻을 수 있다. 집기며 필요한 도구들을 중고로 구매하고 나머지는 배달 앱에서 광고비를 쓰면 된다. 그렇게 2,000만 원이면 배달 식당 하나 창업할 수 있다. 더구나 배달 전문점은 앱에서만 잘나가면 된다.

배달에 한번 맛들이면 쉽게 중단하지 못한다. 그 넓은 홀이 점점 비는 것을 목격하면서도 못 끊는다. 당장의 매출이 아쉽고 중단했을 때 매출이 떨어지는 것이 두렵다. 배달할 수 있는 구역을 정할 때 사용되는 깃발을 더 늘려 광고비를 더 쓰면서 버티는 것이다. 그렇게 화려하고 좋은 식당이 배달로 버티는 식당이 된다. 차라리 월세 싼 곳에 적은 비용으로 배달 전문 식당을 하는 것이 현명하다.

내가 속한 상권에 곱창전골 전문점이 오픈했다. 테이블 수가 열일곱 개 정도 되는 꽤 큰 식당이었는데 처음에 장사가 좀 되는가 싶더니 손님이 뜸하자 여지없이 배달을 시작했다. 급기야 그 넓고 쾌

적한 식당 홀은 매일같이 텅텅 비어 있었다. 배달대행 업체 수수료 까지 아끼려고 사장님이 직접 배달하는 모습을 보았다. 끊지 못하는 악순환의 고리에 들어간 것이다.

배달을 하고자 식당을 차린 것이 아니라면 배달을 하지 말아야한다. 집중해야 할 타깃은 스마트폰 앞에 있는 고객이 아니다. 우리 식당을 방문하는 손님에게 집중해야 한다. 물론 둘 다 집중할수 있다면 문제없다. 배달을 겸해서 원하는 매출을 얻으면 된다. 하지만 배달 전문 식당이 아니라면 배달을 시작해서 얻는 것보다잃는 게 더 많다는 것은 분명한 사실이다.

배달 대신 포장 판매에 매진하라

배달로 떨어진 매출, 포장 판매에서 길을 찾다

배달을 중단하고 부작용도 있었다. 바쁜 점심 시간에도 전화로 들어오는 배달 주문에 더 이상 배달하지 않는다고 일일이 설명해야 했다. 배달을 자주 이용하는 고객들 중에는 아쉬워하거나 항의하는 사람들이 많았다. 다시 배달을 시작해달라는 요청도 많았다. 하지만 나는 배달을 하지 않아야 하는 이유가 분명했기에 흔들림이 없었다.

배달을 시작한 이유는 거리가 조금 먼 곳의 고객이 자주 이용하도록 해서 매출을 올리고자 함이었는데 반대로 가장 가까운 곳의 주문이 더 많았다. 이것이 바로 식당이 텅텅 비는 이유였다.

식당의 세 가지 판매 방식 중(홀 판매, 배달 판매, 포장 판매) 배달을 중단했으니 이제 남은 건 홀 판매와 포장 판매 두 가지였다. 어찌

된 일인지 배달을 하지 않게 되자 포장 주문이 늘었다. 배달을 이용하던 고객들이 하는 수 없이 포장을 택한 것이다. 늘어나는 주문에 당황스러웠지만 정신 차리고 포장 판매에 집중했다. 나는 지금도 포장과 배달 중에 어느 한쪽을 선택해야 된다면 망설임 없이 포장 판매를 선택할 것이다.

우선 포장은 비싼 배달 비용과 수수료가 발생하지 않는다. 많은 식당들이 포장 판매를 겸하고 있지만 포장 매출 비중이 그렇게 크지 않다. 나 역시 포장을 해와서 먹은 경우가 거의 없다. 음식도 식는 데다 일회용 용기를 썩 좋아하지 않는다. 더구나 홀에서 서비스를 받는 음식과 포장 음식의 가격이 동일하다. 그렇다면 서비스가 제공되지 않는 포장 판매는 홀에서 먹는 것과 다르게 팔아야 한다.

포장은 배달료가 없다. 배달료는 지역마다 다르겠지만 평균 2,500~3,000원 정도다(점점 더 오르고 있다). 포장도 배달이라고 생각하고 1,000원 정도만 써도 충분히 가성비 넘치는 포장 음식을 제공할 수 있다. 배달 플랫폼 회사에 지불하는 사용료까지 생각한다면 배달에 비해 포장은 많은 비용을 아낄 수 있다.

홀에서 먹을 때와 같이 곱빼기 추가 비용을 받지 않았고 '양 많이', '면 많이'도 가능했다. 포장 손님에게도 후식용 보리강정 작은 봉지를 하나씩 넣어드렸다. 이렇게 하자 배달을 그만두어도 포장 매출이 조금씩 늘기 시작했다.

포장 판매, 생각보다 손해가 아니다

주위 사장님들은 내가 품질 좋은 포장 용기로 업그레이드하고, 양을 늘리고, 후식까지 챙겨주자 이렇게 해서 남겠냐는 반응을 보였다. 그런데 배달을 하면 이보다 더 많은 비용이 지출된다. 배달보다 포장이 더 많은 이익과 장점이 있다.

홀에서 먹는 손님은 앉아서 시간을 소비한다. 지속적으로 서비스가 들어가야 하고 챙겨줘야 한다. 포장은 일체 그런 일이 없다. 포장해 손님이 가져가면 그만이라 포장에만 신경 쓰면 된다. 식당에 배치된 테이블로는 팔 수 있는 시간과 매출도 분명 한계가 있다. 이것을 극복할 수 있는 것이 포장이다. 포장은 업종에 따라 다르겠지만 일매출에서 2~3회전도 가능하다.

내가 처음 세운 포장 매출의 목표는 1회전이었다. 1회전에 20만 원이라고 가정하면 휴무 빼고 한 달 26일 영업일이니 520만 원(20만 원×26일)을 더 번 것이고 1년이면 6,240만 원의 매출이 늘어난 것이다. 처음에는 포장 매출이 몇만 원 정도에 그쳤다. 하지만 생각을 바꾸고 가성비를 주어서 0.5회전을 하더니 1회전까지 하게 되었다.

식당은 우선 많이 팔고 봐야 한다. 홀이든 포장이든 우리 식당을 찾는 손님이 많아야 한다. 많이 팔려면 잘 팔리는 방법을 깨우쳐야 한다. 엄연히 따지면 얼마를 팔았는지보다 얼마가 남았느냐가 중요하다. 하지만 그것을 따지기 전에 팔지 못해서 버리는 식재료가 많으면서 더 내주는 것에 이익을 따지는 어리석은 사장이 되지는 말아야 한다.

● 송리단길에 위치한 '평화곱
창' 포장. 비닐봉투는 깜짝 선
물이 되었고 그 속에 담긴 곱
창은 더 이상 곱창이 아닌 그
이상의 기대감을 주고 있다.

포장 연출만 잘해도 매출은 오른다

포장의 품질을 높이면 매출은 오른다. 이왕이면 포장으로 손님
의 기분을 좋게 만들어야 한다. 식당이 조금 허름하다고 해서 포장
까지 허름해서는 안 된다. 허름한 포장에 담긴 음식은 가치를 한없
이 떨어뜨린다. 반면 세련되고 정갈한 포장이라면 흔한 국밥과 김
치찌개도 명품으로 만들 수 있다.

왜 비닐봉투에 담아주는 걸까? 나도 처음에는 검정 비닐봉투를
사용하다 나중에는 흰색 비닐봉투에 담아 주었다. 조금 나아진 것
같지만 큰 차이는 없고 경쟁력이라고 할 것도 아니었다. 포장 판매
를 계속해야 한다면 적어도 비닐봉투는 기성품을 쓰지 말고 식당
이름과 로고를 넣어서 제작하자.

비닐봉투보다 더 좋은 것은 종이 가방이다. 하지만 가격이 더

싸다. 기본 천 장 단위가 가장 많다. 거기에 식당 로고를 인쇄하고 재질과 손잡이 끈을 선택하면 장당 500~700원으로 충분히 제작할 수 있다. 얼마나 발품을 파는가에 따라 가격을 더 낮출 수 있다.

생각만 조금 바꾸면 가능하다. 이벤트를 해서 음식값을 할인해 주거나 다른 서비스 상품이나 쿠폰을 줄 때도 대개는 쇼핑백 가격 보다 더 많은 비용이 들어간다는 사실을 생각하면 못할 것도 없다. 비교해보면 쇼핑백 가격이 더 저렴하다.

식당 상호가 인쇄된 종이 가방을 홍보물로 생각하라

우리 식당 상호와 로고가 인쇄가 된 비닐봉투와 종이 가방이야 말로 홍보물이 된다. 포장의 역할이 끝나면 이제 다른 물건을 담는 데 활용된다. 요즘은 어딜 가도 비닐봉투 값을 받으니 비닐봉투를 아예 가지고 다니는 사람들이 많다. 내 상호와 로고가 찍힌 종이 가방과 비닐봉지는 버려지는 그날까지 최고의 홍보 수단이 된다. 전단지는 천 장을 뿌려도 1퍼센트 효과를 볼까 말까 한 정도다. 자 체 제작한 비닐봉투를 사용해보면 어정쩡한 전단지보다 효과가 더 좋다는 것을 금방 알 수 있다.

주변을 잘 찾아보면 정말 많은 무패 사장들이 있다. 그중에 덕 수궁 옆에 위치한 아주 작은 와플 가계인 '덕수궁 리에제 와플'이 있다. 누구나 부담스럽지 않은 가격에 손쉽게 먹을 수 있는 와플 은 어쩌면 붕어빵처럼 캐주얼한 아이템(음식)이다. 하지만 이 가게 는 이런 고정관념과 고객의 상상을 깬다. 감히 생각지도 못한 포장

● 덕수궁 리에제 와플 상호와 로고가 인쇄된 비닐봉투. 덕수궁 리에제 와플은 비닐봉투와 종이백 2가지 포장을 사용하고 있다.

으로 와플의 격을 높여 명품으로 만들었다. 포장으로 쉽게 흉내 낼 수 없는 경쟁력을 갖춘 것이다.

세련된 포장에서 브랜드에 대한 호감도가 매우 긍정적으로 각인된다. 여러 가지 와플을 비닐봉투 하나에 모두 담아주는 치명적인 포장은 절대 없다. 하지만 여기서 놀라기는 아직 이르다. 하나씩 개별 포장하는 손님에게도 그냥 내주는 법이 없다. 손에 묻지 말라고 감싼 종이 한 장에도 상호와 로고가 디자인되어 있다.

들기 편하게 작은 손잡이가 있는 견고한 종이 상자로 포장하고 상자를 열면 센스 있게 냅킨까지 두둑히 담겨 있다. 여기서 "와!" 하고 감탄하지 않는 고객은 없다. 그리고 다시 한 번 종이 가방에 담아서 준다.

그뿐이 아니다. 매장에서 고객에게 직접 판매하는 와플도 그냥 주는 법이 없다. 손에 묻지 않고 편하게 먹을 수 있도록 와플에 스틱을 꽂아주고 한 개씩 개별 포장을 한다.

'대한민국 3대 간식'
덕수궁 리에제 와플
경쟁력 보러 가기

● 종이 상자를 열면 로고가 새겨진 냅킨이 함께 들어 있다. 와플이 절대 상자에 섞이게 담는 법이 없다. 모두 하나씩 개별 포장된다. 매장에서 한 개씩 판매할 때도 정성껏 포장한다.

덕수궁 리에제 와플 가격은 한 개에 3,400~5,900원 정도다. 포장지부터 냅킨까지 상호와 로고가 디자인되어 있다. 몇천 원짜리 와플에 이런 포장지를 사용하면 남는 게 있을까 하는 생각이 든다면 아무것도 하지 못한다. 반대로 생각하고 배워야 한다. 몇천 원짜리 와플도 이렇게 포장에 각별히 신경 쓰는데 자신이 팔고 있는 음식은 와플보다 더 높은 가격을 받고 있다. 돈가스 준거가격도 9,000원이다. 생각을 바꾸면 얼마든지 할 수 있다.

덕수궁 리에제 와플도 처음부터 잘되는 점포가 아니었다. 그 좋은 입지 조건에 하루 20~30만 원 팔던 날이 부지기수였다. 하지만 끊임없는 노력으로 '대한민국 3대 간식'이란 칭호까지 생겼다. 사람들은 리에제 와플을 먹기 위해 매일같이 긴 줄을 선다.

대한민국에서 삼계탕 포장으로 따라올 자가 없는 압도적인 품격의 백세삼계탕도 있다. 종이 가방 포장으로 브랜드의 장점과 메시지를 충분히 알리고 있다. 종이 가방을 최고의 홍보 수단으로 사용하고 있는 셈이다.

반듯한 종이 가방 포장에서 브랜드에 대한 호감도가 높아지지만 포인트는 용기에 있다. 삼계탕을 담는 용기는 경쟁자들을 월등히 압도하는 품질을 자랑한다. 얇은 플라스틱 용기가 아니라 조금 두꺼운 전자레인지용 용기를 사용해 내용물이 담긴 상태에서 손으로 들었을 때나 한쪽으로 무게가 쏠려도 용기가 찌그러지지 않는다. 가장 중요한 장점은 다른 그릇에 옮기지 않고 담긴 상태로 전자레인지에 데워서 먹으면 된다는 것이다.

고객의 불편을 확실하게 해결해주기 위해 품질 좋은 전자레인

● 백세삼계탕의 종이 가방. 브랜드의 장점을 계속 알리고 포장의 품격을 높여서 포장이라는 단어보다는 선물이라는 단어가 어울릴 정도로 손색없다.

●● 매장에서 먹을 때와 포장해서 먹을 때의 차이를 못 느낄 정도로 완벽한 포장이다. 전자레인지용 용기가 신의 한 수.

지 용기에 담아주는 것이 백세삼계탕의 브랜드 품격을 높인다. 다 먹고 나서 버리는 용기와 다르다. 세척 후 전자레인지 용기로 얼마든지 재사용이 가능하다. 락앤락 밀폐용기처럼 음식물을 담기에도 그만이다. 물론 평범한 용기보다 비용이 더 들겠지만 백세삼계탕을 찾는 팬들이

대한민국 삼계탕의 새로운 기준을 만들고 있는 백세삼계탕

더 많이 생길 것이다. 종이 가방과 튼튼한 용기에 담긴 보양식은 선물용으로 손색이 없기 때문이다. 국물만 안 흐르면 되는 포장의 기능도 중요하지만 포장을 통해서 식당의 격이 달라질수 있음을 알아야 한다.

한 줄에 2,000원 하는 김밥도 은박지에 둘둘 말아서 검은 비닐봉지에 담아주는 것보다 자신의 브랜드(식당 이름)와 로고가 들어간 포장지와 비닐봉지로 바꿔보자. 남다른 포장도 경쟁력 있는 무기가 될 수 있다.

식당 첫 오픈도 선택과 집중이 대박을 가져온다

많은 분들이 식당을 창업하고 첫 영업을 하는, 일명 오픈 날에 많은 실수를 하고 그로 인해 좋지 못한 첫인상을 남기는 경우가 많다. 준비 없이 오픈했기 때문이다. 어떻게 해야 좋은 첫인상을 남길 수 있는지 올바른 식당 오픈에 대해 알아보자.

식당 오픈 날, 조심해야 할 것

먼저 지인에게 알리고 싶은 마음을 억눌러야 한다. 친척과 지인들을 비롯해 연락처를 주고받은 수많은 사람들에게 알리거나 초대하지 않는 것이 좋다. 오픈 날에는 손님과 음식에 초집중을 해야 하는데 지인들이 오면 신경이 분산될 수밖에 없다. 친하다는 이유로 식당에서 큰 목소리도 오가고 여기저기 사장을 부르다 보면 식당 오픈인지 친목 모임인지 헷갈린다. 첫 단추가 중요하다. 한 달 정도 지난 후에 조금씩 알려서 방문하게 하는 것이 좋다. 그들에게는 매우 서운하겠지만 어쩔 수 없다.

그다음은 개업 떡과 같은 음식 답례품이다. 식전에 음식을 제공하면 자칫 입맛을 헤쳐 정작 주문한 음식을 잘 못 먹거나 맛이 없다고 느낄 수 있다. 필요하다면 식사를 마치고 나갈 때 드리는 것이 좋다. 또는 음식 대신 다른 답례품을 준비한다.

연습 없이 오픈은 금물이다

식당 주인은 무대총감독이다. 리허설 없이 주연배우(대표 메뉴)와 조연배우(서브 메뉴, 사이드 메뉴)가 주방과 식당에 적응하려면 그에 따른 시간이 꼭 필요하다.

적어도 3~5일은 테스트 오픈 기간을 가져야 한다. 그 기간 동안은 영업 시간을 단축해서 점심시간에만 문을 연다. 모두가 실전이라는 생각으로 손님을 응대하고 음식을 조리하고 손님이 식사를 마치고 나가는 순간까지 문제점이 있는지 확인한다. 특히 테스트 오픈 기간 동안은 음식의 품질이 떨어지지 않도록 노력한다. 주방 동선과 하물며 냉장고 식재료 보관 위치까지 점검하고 불편한 점이 있다면 재배치한다. 최상의 환경을 만들기 위해 수정과 보완을 거듭하는 것이다.

테스트 오픈 기간과 영업시간을 정하고 식당 밖에 현수막으로 알린다. 손님에게도 친절하게 설명하면 실수가 있더라도 충분히 이해할 명분이 고객과 식당 모두에게 생기는 것이다. 절대 테스트 오픈 없이 정식 오픈을 해서는 안 된다.

전략적인 오픈 이벤트가 필요하다

테스트 오픈을 거쳐 정식 오픈을 하기까지 3~5일은 정말 중요한 기간이다. 식당의 첫인상도 판가름 나고 일명 '오픈발'을 얼마나 길게 챙길 수 있는지도 달려 있다. 이 방법은 대전에서 카페허밍을 운영하는 조성민 대표의 책 《나는 스타벅스보다 작은 카페가 좋다》(라온북, 2015)에서 배운 것을 식당에 맞게 벤치마킹했다.

테스트 오픈 기간 동안 방문해주시는 모든 분들에게 정식 오픈 때 사용할 수 있는 사이드 메뉴 무료 쿠폰을 제공하자. 여기서 중요한 것은 통 큰 사이드 메뉴여야 한다는 점이다. 음료수 정도로는 재방문을 유도하기 힘들다. 쿠폰과 함께 정식 오픈 때 다시 방문한 손님에게는 그다음 방문 시 현금처럼 사용할 수 있는 3,000~5,000포인트를 제공하면 총 세 번 방문하게 만들고 식당에 대한 호감도까지 챙길 수 있다.

참고로 가격 할인 이벤트는 절대 하지 않는다. 앞에서도 말했듯이 싸게 팔면 싸구려 음식으로 기억될 뿐이다.

5장

고객과 마케팅을
차별화하는
무패 사장의
열네 가지 노하우

잘되는 식당 따라 하는 올바른 벤치마킹의 자세

"왜 나만 안 되지?"

벤치마킹(benchmarking)은 측정의 기준이 되는 대상과 비교 분석을 통해 장점을 따라 배우는 행위를 말한다. 그런데 대부분의 식당 사장들은 잘되는 식당을 벤치마킹해서 따라만 해도 성공 확률을 높일 수 있다는 사실을 잘 모른다. 더구나 잘못된 벤치마킹으로 소중한 시간을 허비한다는 것이 더 큰 문제다.

장사가 안 되는 식당 사장님들의 가장 큰 문제는 받아들이지 않는다는 것이다. 식당에 손님이 없는 이유를 찾기보다는 자기합리화와 변명을 하기에 급급하다. 심지어 잘되는 식당을 부정적인 시선으로 바라본다. 자기 식당의 음식이 더 맛있는데 그 식당이 잘되는 것을 이해할 수 없다는 식이다. 게다가 이미 잘되고 있는 식당에 대해 이건 이래서 안 되고 저건 저래서 틀렸다는 식으로 지적하기 바쁘다.

벤치마킹을 하기는커녕 식당 직원에게 훈수를 두지 않으면 다행이다. 월세 감당도 힘들어 쩔쩔매면서 배울 점을 찾아볼 생각조차 하지 않는다.

생각을 바꾸면 벌어지는 일들

벤치마킹만 잘해도 성공 확률이 올라간다. 미국의 자동차 회사 포드는 일본 자동차 회사에 시장점유율을 빼앗기자 경쟁자의 장점을 철저하게 분석하고 개선해 미국 최고의 자동차 회사로 성장했다. 사무용 복합기 제조사 제록스는 경쟁사 프린터를 분해해 부품 하나하나까지 분석해서 기존 제품을 개선했다. 스타벅스도 이탈리아의 에스프레소 바를 벤치마킹해서 탄생한 브랜드다.

세계적인 브랜드도 벤치마킹으로 탄생하거나 살아남는다. 그렇다면 어떻게 하는 것이 올바른 벤치마킹일까? 마음가짐부터 바꿔야 한다. 배우려는 자세부터 갖춰야 한다. 왜 잘되는지 장점을 보는 눈을 길러야 한다. 단점이 보이더라도 기억하지 말자. 잘되는 이유를 배우려고 하는 것이 벤치마킹이다. 상대에게서 고칠 점을 찾지 말고 배울 점을 찾으려고 노력해야 한다.

음식이 내 입맛에 맞지 않더라도 다른 장점을 찾아 휴대폰으로 찍어서 메모하자. 잘되는 이유는 사방에 있다. 그릇에도 있고 플레이팅에도 있다. 조명은 어떤지, 직원의 서비스는 어떤지, 직원들의 복장과 말투, 표정은 어떤지, 셀프바는 어떻게 활용하는지, 후식과 물까지도 특별한 점이 있는지 찾아본다. 상대의 장점을 우리 식당에 적용하는 것부터 시작하자.

처음에는 장점이 잘 보이지 않는다. 그래서 되도록 많은 식당을 가봐야 한다. 한식, 일식, 중식, 프랜차이즈 식당까지 많이 다녀볼 수록 잘되는 이유가 분명 보인다. 대기업도 벤치마킹을 하고 개선 하기 위해 끊임없이 노력한다. 하물며 작은 식당은 더 말할 필요 없다. 작은 식당도 끊임없이 배우고 실행하면 얼마든지 성장할 수 있다.

이타심으로
장사하라

식당의 완성은 이타심, 이타심도 노출시키고 알려라

식당을 해야겠다고 마음먹었을 때 열심히 해서 식당이 잘되면 어려운 사람을 돕고 봉사도 하겠다고 아내와 약속했다. 이웃과 나누겠다는 우리 부부의 마음도 희망 사항일 뿐 우리는 시작부터 벼랑 끝에 간신히 매달린 신세였으니 말 그대로 내 코가 석 자였다. 그런 와중에 대출까지 받아서 인테리어를 시작했다가 사기를 당하고 우여곡절 끝에 다시 재오픈을 할 때 이런 생각이 들었다.

'힘들기는 하지만 나누며 살자는 약속을 지금 실행해야겠다.'

망하지 않기 위해 버티느라 쌓인 2억 원이라는 큰 빚을 생각한다면 우리의 처지부터 돌봐야 하겠지만 더 이상 미루지 않기로 했다. 하지만 봉사를 한다는 것이 쉬운 일이 아니었다. 고민 끝에 굿네이버스에 전화를 걸어 후원 의사를 전하자 바로 다음 날 굿네이

● 손님들이 지불하는 금액에서 일정액을 굿네이버스에 기부하기로 한 날 고맙게도 굿네이버스에서 천안의 지역신문에 알려 기사를 실어주었다.

출처 : 〈중부매일〉

버스에서 직접 식당을 방문했다.

그들은 직접 전화를 걸어 식당 수익의 일부를 기부하겠다고 하는 경우는 드물다고 했다. 굿네이버스 지역본부장님께서 우리 식당 이야기를 들으시고 지역신문에 기사를 올려주셨다. 너무 감사한 일이었다. 그 후 식당이 조금씩 나아질 때마다 우리는 후원 금액을 조금씩 늘렸고 굿네이버스에 이어 월드비전에도 후원했다. 그리고 아내는 허리까지 내려오는 긴 머리를 싹둑 잘라 소아암 단체에 기부했다. 아내는 기부하기 위해 이미 오래전부터 모발 관리를 철저히 하고 있었다.

돈을 많이 벌어서 후원하는 것이 아니다. 어려운 시기에도 우리 부부가 나눔을 실천한 의미는 간단하다. 우리 식당이 망하지 않고

● 아내의 긴 머리는 소아암 환우의 가발 제작에 쓰인다고 한다. 우리 부부의 나눔은 큰 것이 아니었다. 우리가 할 수 있는 것들만 해도 충분히 나눔을 실천할 수 있었다.

손님들이 찾아주는 것도 도움을 받는 것이라고 생각하면 더 이상 설명이 필요 없었다.

코로나19로 힘든 상황에도 나보다 더 어려운 천안의 취약계층을 위한 4주간 릴레이 식사 나눔에 동참했다. 코로나19가 한창일 때 건물 사장님이 먼저 임대료 30퍼센트를 3개월 동안 감면해주셨다. 우리 부부는 감면받은 임대료를 다시 천안 방역에 힘써 달라고 천안시에 기부했다. 그랬더니 천안시에서 인터뷰를 요청해서 '유튜브 천안 1분 뉴스'에도 출연했다. 이 소식을 들은 건물 사장님이 다시 3개월을 더 추가로 임대료 30퍼센트를 감면해주었다.

'돈쭐' 내주러 온 맘 카페
코로나19가 장기화되는 시기인데도 이상한 날들이 계속되는

● 감면받은 임대료를 다시 천안 코로나 방역을 위해 기부했는데 천안 지역 뉴스로 보도
해주었다.   출처 : 천안시 유튜브

기분이었다. 다른 식당보다 점심시간이 점점 더 바빠지는 것이었
다. 일시적일 거라고 생각했는데, 자주 오시는 손님 한 분이 이유
를 알려주었다.

어려운 시기에 기부를 하고 나눔을 실천하는 식당이 우리 동네
있다는 것을 알고 맘 카페 회원 한 분이 카페 게시판에 공유하면서
이런 식당은 '돈쭐 내줘야 한다'라며 식당을 찾은 것이었다. 우리
식당의 선한 영향력이 부메랑이 되어 돌아왔다.

식당을 한다는 의미를 잘 생각해봐야 한다. 맛있는 음식을 만들
고 좋은 공간과 좋은 추억을 제공한다는 의미에서 식당은 이미 남
을 위한 사업이다. 그런 사업이 식당뿐일까. 삼성은 고객을 위해
더 좋은 휴대폰을 만들고자 끊임없이 노력을 한다. 이 또한 넓게
보면 이타심이다. 모든 기업이 마찬가지다. 그 이타심을 조금만
더 확장하는 것은 어려운 일도 아니다.

왼손이 하는 일을 오른손이 모르게 하라고 했지만 식당을 그 반
대로 해야 한다. 식당에서 하는 모든 일을 드러내고 알리는 것이
좋다. 기부하고 나누는 일도 마찬가지다. 식당 한쪽에 게시판에

● 계산대에 기부 활동 사실을 붙여놓고 적극적으로 알리고 있다. 식당이 하는 모든 것들을 손님에게 알려야 한다. 부끄러운 일이 아니다. 식사도 맛있게 하고 자신이 지불한 식사비의 일정 금액이 기부되어 좋은 곳에 쓰인다는 것을 알리자.

만들어 좋은 일을 하고 있다고 알리고 보여주어야 한다. 작은 나눔의 실천이 맘 카페에서 '돈쭐 내줄 식당'으로 입소문을 내주었다.

한 달에 최소 몇만 원이면 가능하다. 몇만 원을 좋은 일에 썼을 뿐인데도 '돈쭐 내주러 오는 손님'이 있다. 선한 영향력은 반드시 돌아온다는 것을 믿어보자.

정답은 고객이 알고 있다

새로운 무기를 찾아 재오픈

2억 원이라는 큰 빚 앞에서도 포기하고 싶은 생각은 없었다. 모든 것을 걸고 식당에 집중하기로 했다. 다시 장사할 수 있을 정도로 수습했지만 매끄럽지 못한 인테리어는 많이 아쉬웠다. 그래도 식당 문을 다시 열게 된 것에 감사하게 생각했다. 다시 찾아주는 손님들에게 작은 답례품을 예쁘게 포장해서 드리며 감사한 마음을 전했다.

재오픈을 하면서 가장 중점을 둔 것은 대표 메뉴 구성을 변경하는 일이었다. 이를 위해 재오픈하기 전까지 한 달 동안 신메뉴를 개발했다. 아내와 내가 선택한 것은 닭짬뽕이었다. 불맛을 한 번 더 입혀서 '불맛나는 닭짬뽕'을 신메뉴로 개발하고 기존에 팔던 짬뽕은 판매를 중단했다. 식당의 주연배우를 교체하고 긴장감 속에서 새롭게 출발했다.

고객에게 묻지 않은 예측은 필패다

닭짬뽕을 하게 된 이유는 점점 오르는 해산물 가격 때문이었다. 원가가 조금 안정적인 닭을 선택했다. 짬뽕에 닭 반 마리쯤 올려줘도 충분한 이익을 낼 수 있는 식재료였다.

출발은 아주 좋았다. 몰려드는 손님으로 행복한 비명을 지를 정도였다. 매일매일 한 번도 경험해보지 못한 매출을 올렸다. 물론 닭을 싫어하는 분들도 있었다. 기존에 판매하던 짬뽕을 찾는 분들도 많았지만 매출이 결과를 말해주었다. 내 예상이 적중했다고 생각했다. 이대로 가면 그 많은 빚도 금방 갚을 것만 같았다. 하지만 그것도 잠시, 매출은 어느새 점점 줄어들어 인테리어를 하기 전의 매출로 되돌아갔다.

다급한 마음에 원래 팔던 해물짬뽕을 다시 판매했다. 매출이 점점 회복이 되는 듯했지만 닭짬뽕의 주문량은 점점 줄어들었고 급기야 6개월 만에 판매 중지라는 결정을 내렸다. 호기롭게 시작했던 신메뉴를 판매 중지하고 매출 부진의 원인 세 가지를 파악했다.

첫째, 닭을 싫어하거나 못 먹는 사람들이 많고 손님들 대부분은 해물짬뽕을 더 선호한다는 사실이었다.

둘째, 신메뉴를 출시하기 전 고객에게 물어봤어야(설문조사) 했던 점이었다. 고객에게 물어보지 않고 무작정 신메뉴를 출시한 것이 가장 큰 실수였다. 작은 식당에서도 사소한 것 하나하나를 고객

● 대표 메뉴를 닭짬뽕으로 변경하고 바뀐 메뉴. 새
롭게 시작하면서 대표 메뉴에 큰 변화를 주었지만
오래가지는 못했다. 충분한 조사 없이 대표 메뉴를
너무 섣불리 변경한 것이 원인이었다.

에게 물어봐야 정확한 답을 얻는다. 그래야 문제점을 찾아 수정과
보완을 거쳐서 제대로 된 메뉴를 만들 수 있다. 적어도 닭이란 식
재료를 선호하는지 안 하는지만이라도 설문조사를 했어야 했다.

셋째, 기존의 해물짬뽕을 그대로 팔면서 닭짬뽕을 추가했어야
했다. 단조로운 메뉴 카테고리는 다양성을 확보하고 적어도 두 가
지 중 하나를 선택할 수 있게 구성했어야 했다. 닭짬뽕 하나만 구
성한 이유는 혼자서 두 가지 종류의 짬뽕을 만들기에 벅찰 것 같아
서였다. 음식의 품질을 높이려고 닭짬뽕에 집중한 것이 실수였다.
할 수 있는지 없는지부터 테스트하고 연습했어야 했다. 하지만 모
든 것을 머릿속으로만 그려보고 답을 내렸던 것이다.

신메뉴를 출시하기 위해서는 최소한 고객이 좋아하는 것과 싫

어하는 것이 무엇인지 사소한 의견이라도 조사해야 한다. 충분한 시간을 두고 시식이나 평가를 통해 문제점을 미리 파악하고 수정 보완해야 한다는 것을 처음 깨달았다.

대기업도 신메뉴를 출시할 때는 수십 수천 번의 시식과 평가를 거치는데 작은 골목 식당이 근거 없는 자신감으로 이 과정을 무시하고 출시한 결과였다. 이때 알게 된 값진 교훈은 '함부로 예측하지 말자. 예측은 답이 아니다. 고객에게 물어보자'라는 것이었다.

첫 번째 질문도 고객, 마지막 질문도 고객에게 하라

식당이 붐비기 시작하자 과연 어디에서 오는 손님인지 궁금했다. 그래서 직접 물어보기로 했다. 작은 화이트보드를 식당 출입구에 걸어놓고 '고객님은 어디에서 오셨나요?'라는 큰 제목 아래 '가까운 주변에서(1킬로미터 내외)', '차를 타고 10분 이내 거리', '더 멀리 차를 타고 15분 이상의 거리' 칸을 만들어 스티커를 붙여달라고 부탁했다. 이왕 물어보는 김에 한 귀퉁이에 '어떻게 오셨나요?'라는 질문 아래 '소문 듣고', '인터넷 검색 & SNS를 통해서'라고 스티커 칸을 만들었다.

15일 후 결과를 보니 내가 생각했던 것과 정반대였다. 가까운 동네 손님들이 많이 찾아준다고 생각했는데, 천안 각 지역에서 손님들이 골고루 찾아왔다. 근소한 차이로 차를 타고 15분 이상 운전하고 오는 손님들이 가장 많았다. 차량으로 15분이 넘는다면 거의 천안 끝에서 찾아오는 손님이었다.

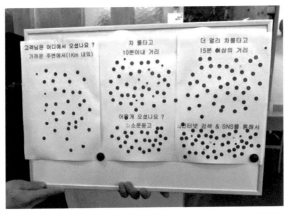

● 출입구 쪽에 질문 보드를 걸어두고 스티커를 붙여달라고 요청했다.
이 결과를 통해 우리 식당이 어디까지 알려졌는지 알 수 있는 데이터
를 확보했다.

　손님의 위치 데이터로 상권 분석이 가능하다. 우리 식당이 어디
까지 알려졌는지 시각화해서 보면 정확한 마케팅 전략이 나온다.
다음 페이지 지도에서 별 표시가 식당 위치이고 빨간색 원이 도보
로 올 수 있는 1차 상권, 검은색 원이 차를 타고 이동해야 하는 2차
상권, 파란색 원이 차를 타고 15분 이상 이동해야 하는 3차 상권이
다. 3차 상권에서 찾아오는 손님이 가장 많았다.

　'어떻게 오셨나요?'라는 질문에는 '인터넷 검색 & SNS를 통해서'
라는 답이 가장 많았다. 예측이 완전히 뒤바뀐 것이다. 이처럼 고
객에게 직접 물어봐야 정확한 답을 알 수 있다. 예측이 아니라 정
확한 데이터만이 완성도 높은 전략을 만들 수 있다.

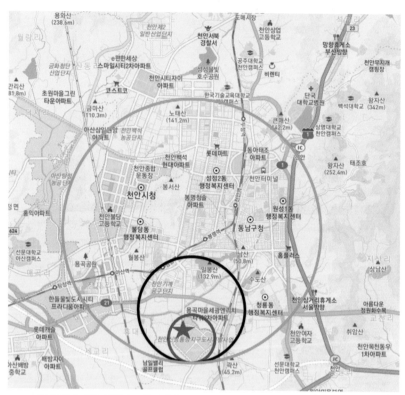

● 별 표시가 식당 위치이고 빨간색 원이 도보로 올 수 있는 1차 상권, 검은색 원이 차를
타고 이동해야 하는 2차 상권, 파란색 원이 차를 타고 15분 이상 이동해야 하는 3차 상권
이다. 3차 상권에서 찾아오는 고객이 가장 많았고 입소문보다 주로 인터넷 검색과 SNS를
통해서 찾아왔다는 답을 얻게 되었다.

고객에게 물어볼 때는 디테일하게

이번에는 어떤 검색과 SNS를 보고 왔는지 다시 물어봤다. "고객
님은 무엇을 통해서 오셨나요?"라는 질문과 함께 주요 채널을 칸
으로 만들어 스티커를 붙여달라고 했다.

네이버 검색을 통해 알게 되었다는 응답이 가장 많았고 그다음

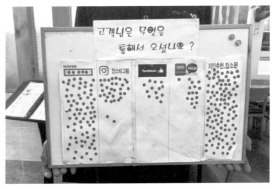

● 네이버, 인스타그램, 페이스북, 밴드, 카카오톡 등 각각 칸을 만들고 어디에서 우리 식당을 알게 되었는지 스티커를 붙여달라고 요청했다. 어떤 채널을 통해서 알게 되었는지를 정확히 알아야 온라인 광고나 홍보 전략을 더 치밀하게 세울 수 있다.

이 인스타그램이었다. 이것 역시 나의 예측이 빗나갔다. 인스타그램이 가장 많을 거라고 생각했던 것이다. 온라인 중에서도 어디에 집중해야 하는지 손님들이 정확하게 알려준 것이다.

답을 알고 싶다면 이제 끊임없이 손님들에게 물어보자. 또는 별 하나부터 다섯까지 칸을 만들어 스티커를 붙이는 것도 좋다. 다음 페이지에 나와 있는 질문지를 참고해도 좋다.

혼자 상상으로 예측하고 판단하면 고객의 소리를 들을 수 없다. 고객의 가려운 곳, 즉 불편을 알고 싶다면 끊임없이 관찰하고 부족하다면 직접 물어보는 것이 현명하다. "불편하신 점을 알려주시면 보완하고 수정하겠습니다"라고 하는데 싫어하는 고객은 없다. 답을 알고 싶다면 물어보자. 정확하게 알아야 진단하고 수정하고 보완할 수 있다. 섣부른 예측은 오히려 매출을 떨어뜨리거나 또 다른 역효과를 가져다준다.

저희 식당을 다시 재방문할 의사가 있으세요?
1) 있다. 2) 없다.

저희 식당의 서비스를 평가해주세요.
1) 형편없다. 2) 보통이다. 3) 매우 만족한다.

식당의 전체적인 가성비는 어떤가요?
1) 불만족 2) 보통 3) 매우 만족

손님에게 물어보는 것을 어렵게 생각하지 말자. 5,000원짜리 화이트보드 하나면 된다. 이 간단한 방법을 사용할지 말지는 각자의 마음과 태도에 달렸다. 과연 지금 내가 식당 경영을 잘하고 있는지, 미처 눈치채지 못한 불편 사항이 있는지 손님에게 물어보자.

성공하려면 철저하게 고객에게 물어봐라

첫 신메뉴 닭짬뽕은 이렇게 막을 내렸고 시간이 흘러 다시 신메뉴 출시를 계획했다. 지난번의 경험을 되새기며 이번에는 철저하게 준비했다. 중식 셰프 하면 대한민국에 모르는 사람이 없을 정도인 이연복 셰프의 책 《사부의 요리》(웅진지식하우스, 2015)를 읽던 중 "짜장면은 원래 뜨겁게 먹는 음식"이라는 문구를 보고 '그래, 맞아! 짜장면을 끝까지 뜨겁게 먹을 수 있다면 좋겠다'라는 생각을 했다. 그 무렵 TV 방송에서 뜨거운 돌판 위에 지글지글거리는 짜장면을 보고 벤치마킹해 신메뉴를 기획했다.

신메뉴 이름은 '돌짜장'. 전국 몇몇 곳에서 팔고 있었고 천안 근처 청주에도 있다는 사실을 알고 그 집을 찾아가 직접 맛을 보았다. 그리고 나만의 방법으로 재해석해 새로운 메뉴로 만들었다. 큰 돌판 그릇을 아주 뜨겁게 달궈서 잘 볶은 짜장을 올리는 방법이었다. 양이 많아 둘 이상 먹을 수 있는 메뉴였다. 뜨거운 돌판에서도 쉽게 불지 않는 면을 만드는 것이 우선 해결해야 할 문제였다. 3개월 동안 보완과 수정을 거쳐서 원하는 모양과 맛을 만들었다. 이렇게 만들어진 메뉴를 평가해줄 사람을 모집했다. 우선 A4 용지에 '신메뉴 출시 평가단 모집'이라고 써서 식당 카운터 앞에 붙이고 SNS에도 공지해 댓글로 신청을 받았다. 모집 인원은 30명, 2명씩 1팀으로 하면 15팀 정도를 모집한 셈이다. 모집은 순식간에 마감되었고, 당일 신메뉴에 대한 평가 설문지를 나눠주었다.

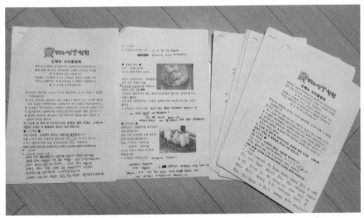

● 신메뉴 출시 전에 고객을 대상으로 실시한 설문지. 내가 팔고 싶은 음식을 팔면 안 된다. 철저하게 고객의 선호도와 입맛 그리고 냉정한 평가를 받아보고 수정과 보완을 거치면서 손님이 먹고 싶고 기꺼이 돈을 쓰고 싶은 메뉴를 만들어야 한다.

평가단은 나와 아무 상관 없는 분들이기에 냉정한 평가를 기대할 수 있었다. 시식과 설문지를 통해 고객 평가단의 목소리를 들어보고 3개월간 더 좋은 아이디어로 수정·보완했다. 이후 신메뉴 기획 6개월 만에 정식으로 '돌짜장'이라는 메뉴로 출시되었다.

서두르지 않고 고객이 원하는 것을 충분히 물어보고 출시한 신메뉴 돌짜장은 성공적이었다. 미리 맛을 본 평가단이 SNS에 알리고 입소문 내주는 역할까지 해주었다.

이때 같이 돌짬뽕도 개발했지만 출시하지는 않았다. 돌짜장이

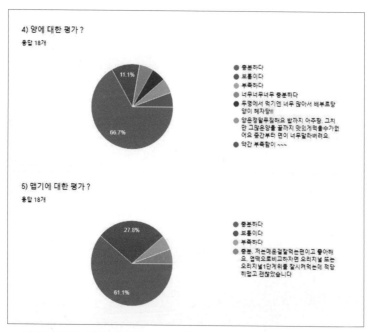

● 돌짬뽕 모바일 시식 평가 분석 차트. 돌짬뽕 시식 평가는 모바일로 진행했다. 모바일 평가의 장점은 모든 결과를 시각화한 차트로 한눈에 보여주고 수치로 계산해 알려주기에 더 정확하고 자세한 분석을 할 수 있다는 것이다.

성공한 후에 하기로 미룬 것이다. 2년 뒤에 돌짬뽕을 출시할 때도 마찬가지로 평가단을 모집하고 3차에 걸쳐 평가를 받았다. 이때는 모바일 설문지를 평가단의 SNS 메신저로 보내는 방식으로 진행했다. 결과를 수치 그래프로 시각화해서 보여주니 더 세밀한 분석이 가능했다.

간판과 상호는
몇 번이라도 바꿔라

식당이 살아남으려면 모든 걸 바꿔야 한다

식당을 처음 시작할 때 아내와 내가 지은 상호명은 '원짬뽕'이었다. 그 이후로 세 번 변경하고 지금까지 사용하고 있는 것은 '천안짬뽕작전'이다. 상호를 변경할 때마다 주위 사람들이 우려하는 목소리가 컸다. 심지어 식당 상호를 바꾸는 것은 자살행위나 마찬가지라는 말도 했다. 가뜩이나 장사가 안 되는데 더 바닥으로 떨어지는 짓이라고 말이다.

심지어 아내도 말렸다. 솔직히 그때는 더 떨어질 곳도 없었다. 처음에는 너무 장사가 안 되니 책 몇 권 읽은 지식으로 숫자가 들어가면 더 좋을 것 같아서 아버지가 처음 중식을 시작한 연도를 추가해 '원짬뽕1964'라고 지었다. 없는 돈에 네 개의 크고 작은 간판을 교체하는 데만 200만 원 정도 들었다. 식당 이름을 변경하고 매

● 처음에는 식당 이름이 얼마나 중요한지 몰랐다. 의미 따위는 생각하지 않았고 일단 그럴듯하게 만들고 보자는 식으로 만든 것이 '원짬뽕'이었다.

●● 몇 권의 책을 읽고 새롭게 지은 이름이 '원짬뽕1964'였다. 브랜드네이밍에 관해 공부하고 변경했다는 점에서 의미 있다. 식당을 살리기 위해 큰돈을 투자한 첫 번째 실행이었다. 그 결과를 통해 배우고 성장할 수 있었다.

출이 크게 늘어나기를 기대했지만 다른 결과를 통해 또 다른 노하우를 쌓게 되었다.

첫 시도였던 식당 이름 변경은 매출에 변화는 없었다. 더 많은 사람들이 알아봐주지도 않았다. 내 부족한 지식을 탓하며 브랜드네이밍에 관해 더 공부했다. 그리고 우여곡절 끝에 인테리어를 하고 재오픈을 할 때 또다시 상호를 변경했다.

당시에는 모든 것을 새롭게 시작하고 싶은 마음이 정말 컸다. 그런 와중에 인테리어 공사 문제도 생기면서 '원짬뽕'이라는 상호에 더 이상 애정이 가지 않았다. 처음부터 너무 성의 없이 작명했다는 반성도 있었다. 많은 고민 끝에 새로 바꾼 상호는 '맛있는짬뽕작전'이었다.

● 모든 걸 새롭게 시작한다는 마음과 각오도 남달랐다. 무엇보다 식당 전략에 관한 지식과 상품을 더 잘 팔리게 하는 마케팅까지. 잠자는 시간도 아끼며 공부한 모든 것을 쏟았다. 그렇게 해서 '맛있는짬뽕작전'이 만들어졌다.

간판의 생명은 '눈에 띄는 것'

간판 교체 시기를 따져보니 1년에 한 번씩 상호를 변경한 셈이었다. 식당이 간판과 상호를 바꾸는 것은 갈 때까지 갔다는 의미이기도 했다. 죽기 아니면 살기였다. 그만큼 절박했다. 한 번 교체할 때마다 200만 원 정도 들어가니 꽤 많은 수업료를 내면서 배운 것이었다.

식당 간판을 디자인할 때 고려해야 하는 점은 무엇보다 눈에 띄는지를 살피는 것이다. 아무리 잘 만든 간판과 상호라고 해도 눈에 잘 보이지 않으면 간판의 기능을 제대로 하고 있는 것이 아니다. 첫 번째 간판은 붉은색 바탕이라 날이 어두워지면 잘 보이지 않았다. 그래서 붉은색 바탕을 버리고 흰색 바탕을 선택했다. 가성비를 따졌을 때 LED 투광기가 형광등보다 저렴하고 전기요금도 적게 나오면서 밝기도 그에 못지않다. 밝은색 바탕에 LED 투광기를 비추면 아무리 어두워도 멀리서 간판이 눈에 잘 띈다. 여기서 중요한 것은 식당 이름보다 간판 자체가 잘 보여야 한다는 점이다.

식당 이름보다 장점

간판에 식당 이름만 넣는 것보다는 어떤 장점이 있는지를 함께 표현하면 더욱 좋다. '맛있는짬뽕작전'이라는 이름만으로는 거리를 지나가는 사람들의 선택을 받기 어렵다는 생각이 들었다. 그래서 식당 이름 아래 작은 글씨로 이렇게 썼다.

'짬뽕과 300간짜장이 천안에서 가장 맛있는 집'

이 문구 하나가 고객의 선택을 받는 기준이 되는 것이다. 간판에서 식당의 장점이나 하고 싶은 말을 전달해야 한다. 예를 들면 다음과 같이 부제를 다는 것이다.

- ○○순두부 전문점 / 직접 재배한 콩으로 만들었습니다
- ○○한정식 / 계절마다 바뀌는 계절 상차림 한정식
- ○○김치찌개 / 3년 묵은 김치로 만든 찌개
- ○○삼겹살 / 3일 저온숙성으로 육즙 가득한 삼겹살

이왕이면 SNS에 검색이 편한 이름으로 지어라

두 번째로 변경한 상호 '맛있는 짬뽕작전'은 사람들의 호기심을 불러일으키기에 충분했다. 그리고 '짬뽕과 300간짜장이 천안에서 가장 맛있는 집'이라는 메시지 또한 어떤 식당인지 알리는 데 큰 역할을 했다.

식당 이름이 재미있다고 웃는 손님도 있고 기억이 잘된다고 하는 손님도 있었다. 별문제 없어 보였지만 나중에 SNS와 네이버 검

색이 잘 안 된다는 것을 발견했다. 시대가 변해 오프라인 입소문도 중요하지만 이제는 온라인에서 얼마나 노출되고 검색이 잘되는지가 중요하다. 이 문제를 해결하기 위해 온라인 마케팅 공부를 집중적으로 했다.

식당 이름이 잘 검색되지 않는 원인을 찾아보니 '맛있는'이라는 단어가 문제였다. 원인을 파악하고 나니 두 가지 해결 방법이 보였다. 첫 번째 방법은 지금부터 모든 온라인 영역에서 '맛있는짬뽕작전'을 알리는 데 주력하는 것이다. 지금보다 더 많은 사람들에게 알려야 하는데, 그러기에는 너무 많은 시간이 필요하다는 것이 문제였다. 두 번째 방법은 검색이 잘되고 쉽게 노출될 수 있는 상호로 변경하는 것이다. 시간을 단축할 수는 있지만 또다시 식당 이름을 변경해야 하는 부담이 있었다.

이미 식당 이름을 두 번이나 변경했기에 부담이 컸지만, 다시 한 번 식당 이름을 변경하기로 빠르게 결정했다. 머릿속으로 아무리 예측해봐야 답을 알 수 없다. 일단 해야 결과가 나온다. 지금까지 식당을 운영하면서 쌓은 노하우는 모두 실행력에서 비롯됐다. 이제는 검색이 잘되는 이름을 찾아야 했다. 사람들이 낯선 지역이나 여행지에서 맛집을 찾을 때 대부분 '지역명＋맛집'으로 검색한다. 예를 들어 '양평맛집', '홍대맛집', '속초맛집' 등이다. 구체적인 메뉴를 정했다면 '양평바베큐맛집', '홍대짬뽕맛집', '속초물회맛집' 등으로 메뉴명을 가운데 추가한다. 대부분의 사람들은 자신이 얻고자 하는 정보를 더 자세히 검색한다. 맛집을 검색할 때 이 틀에서 크게 벗어나지 않는다.

● 세 번째 식당 이름은 '천안짬뽕작전'이다. 식당 이름을 세 번이나 변경하면서 또 한 번의 놀라운 변화와 발전을 경험했다.

그렇게 해서 세 번째로 변경된 식당 이름이 바로 지금의 '천안짬뽕작전'이다. 네이버 검색창에 '천안짬뽕맛집'이라고 검색했을 때 쉽게 노출될 수 있는 이름으로 지었다. 단돈 1원도 들지 않는 온라인에서 식당 상호 변경(네이버플레이스)을 진행하고 간판은 나중에 바꾸기로 했다.

온라인(네이버플레이스, SNS)에서 '천안짬뽕작전'으로 변경한 시점이 2019년 여름이다. 변경과 동시에 바로 반응이 나타났다. 네이버를 통해 얼마나 많은 검색이 이루어지고 있는지 알 수 있었다. 놀랍게도 '맛있는짬뽕작전'보다 '천안짬뽕작전'으로 더 많이 검색되었다.

천안짬뽕작전이라는 이름은 그야말로 대히트였다. 다음 페이지 그래프의 화살표 표시를 보면 상호를 변경한 시점에 검색량이 급격하게 늘어난 것을 확인할 수 있다. 브랜드네이밍이 얼마나 중요한지 깨달았다. 많은 노출과 검색은 바로 매출로 이어졌다. 또 놀라운 것은 하루에 고작 1~2통이던 문의 전화가 5배 이상 늘었다는 것이다. 아내는 전화를 받느라 바빴다.

예나 지금이나 식당 이름은 매우 중요하다. 지금은 온라인이라

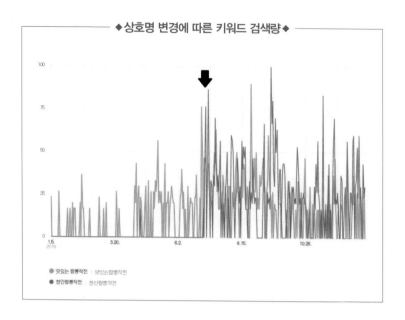

◆ 상호명 변경에 따른 키워드 검색량 ◆

● 맛있는 참봉작전 ┊ 맛있는참봉작전
● 천안참봉작전 ┊ 천안참봉작전

는 새로운 영역이 생기면서 식당 이름이 성패를 좌우하기도 한다
는 것을 명심하자. 이제는 온라인 영역에서 자신의 식당이 얼마나
노출되느냐에 따라 매출이 달라진다. 대부분의 사람들은 검색을
통해 식당을 알아보고 결정한다. 그래서 식당 이름은 직관적인 것
이 가장 좋다. 이름만 듣고도 관련 정보가 머릿속에 바로 그려져야
한다.

간판, 이렇게도 활용해봤어?

식당은 규모에 따라 크고 작은 간판이 한두 개쯤 있다. 간판에
식당 이름만 적어야 한다는 고정관념에서 벗어나야 한다. 식당 이
름보다 어떤 식당인지를 알리는 것이 더 중요하다. 어떤 식당인지

● 식당 이름보다는 어떤 식당인지를 확실하게 알려야 한다. 그러면 식당 이름(브랜드)은 저절로 기억하게 된다.

알게 되면 자연스럽게 식당 이름(브랜드)을 기억하게 된다.

우리 식당 외부에는 대형 간판을 포함해 크고 작은 간판이 네 개나 있다. 모두 천안짬뽕작전이란 식당 이름을 알리는 기능을 한다. 브랜드(식당 이름) 인지도가 낮은 상태에서 간판 하나만으로 식당 이름을 알리는 것은 비효율적이다. 그래서 식당 옆쪽에 있는 간판은 어떤 식당인지를 알리는 용도로 사용하고 있다.

마치 지나가는 사람에게 소리치듯이 간판을 가득 채운 크기로 '곱빼기값 안 받는 짬뽕집'이라고 적었다. 식당 이름보다 더 많은 자극을 주는 것이다. 그래서 더 효과적이다. 식당 이름에 더 이상 목메지 말자. 간판이 없다면 휑한 빈 벽에 현수막을 내걸어도 된다. 마음만 먹으면 얼마든지 활용할 수 있다.

글보다 사진이 친절한 설명이다

즉시 실행만이 살길이다

대부분의 식당은 맛있고 친절하다. 물론 이 범주 안에 들지 않는 식당도 있지만 일반적으로 많은 식당들이 친절하고 맛에서도 뒤처지지 않는다. 그런데 왜 어느 식당은 문전성시를 이루고, 어느 식당은 그렇지 않은 것일까? 맛과 친절한 서비스에서 두 식당의 차이가 거의 없는데도 어디는 잘되고 어디는 안 되는 이유가 무엇일까?

나는 큰돈이 들어가는 간판을 3년 동안 세 번이나 바꿨다. 그때마다 나와 우리 식당을 안쓰럽게 바라보며 '저 식당은 허구한 날 뭐 하는 짓인가' 하는 사람들도 있었다. 그런데 시간이 지나 나를 걱정하던 식당들은 지금의 상권에 남아 있지 않다. 끝까지 살아남은 내 식당과 사라진 식당의 차이는 '실행'이라고 생각한다.

즉시 실행하는 것은 내일이 보이지 않는 식당을 살릴 수 있고 매일매일 성장하는 힘이 된다. '식당만 차리면 기본은 하겠지' 하고 생각하는 사람들이 많다. 이제 고객은 노력하지 않는 식당에 눈길조차 주지 않는다. 아무것도 하지 않으면 오늘보다 나은 내일을 기대할 수 없다.

넘쳐나는 식당, 기초 경쟁력부터 만들어라

여기저기 넘쳐나는 게 식당이다. 자신의 식당 바로 옆에도 식당들이 즐비하다. 식당을 찾는 고객의 눈에 들어오는 식당이 적어도 세네 곳은 될 것이다. 그 많은 식당 중에 선택받아야 된다. 그런데도 식당만 차리면 기본은 한다는 믿음으로 아무것도 하지 않는다. 이런 믿음은 결국 빠른 폐업의 길로 인도할 뿐이다.

자신의 식당이 선택받기 위해서는 수단과 방법을 가리지 않고 알리는 방법밖에 없다. 어떻게든 고객이 한 번이라도 더 자신의 식당을 바라보게 만들어야 한다.

잘되는 식당은 자신의 식당을 고객에게 더 많이 드러내고 설명한다. 부지런한 실행력이 있어야 고객에게 한 번이라도 더 선택받을 수 있다. 누누이 말하지만 어떤 식당인지, 어떻게 팔고 있는지 설명하고 알려야 한다. 이것만 잘해도 내일을 기대할 수 있다.

내일이 기대되는 식당의 조건

어떻게 하면 고객에게 선택받는 식당이 될 수 있을까? 바로 '고객의 고민을 멈추게 하는 식당'이다. 수많은 메뉴 중 무엇을 먹을지 고민하게 만드는 메뉴판보다 대표 메뉴와 가장 인기가 있는 메뉴에 대한 정보를 제공해 선택의 고민을 빨리 해결해주는 메뉴판이 좋은 메뉴판이다.

또한 뭘 먹을지 망설이는 식당 밖 고객에게도 같은 원리로 적용해 알려주면 된다. 식당 외부에 식당을 설명하는 글과 함께 음식 사진을 보여주는 것이다. 그 어떤 말보다 음식 사진 한 장이 더 설득력 있다.

외부에 아무런 설명이 없는 식당은 "여기 좀 봐주세요" 하는 표현 없이 침묵하는 것과 마찬가지다. 인간의 뇌는 생존하기 위해 쓸데없는 에너지 소비를 줄이도록 진화되었다. 글을 읽으면 머릿속에 이미지를 그리는 데 에너지를 쓰고 피로를 느낀다. 그래서 뇌를 계속 써야 하는 수학 과목을 일찌감치 포기하거나 멀리한다. 나의 의지와 상관없이 인간의 뇌가 하기 싫어하는 것이다.

이제 인간의 뇌를 역이용해보자. 글과 함께 사진을 넣으면 뇌는 이미지를 머릿속에 그리느라 에너지를 쓸 필요 없다. 이미지를 보면 어떤 음식을 선택하고 먹을지 더 빠른 설득을 할 수 있는 것이다. 메뉴판의 친절한 설명을 식당 외부에도 똑같이 적용해보자.

● '연안식당' 방배점 외부 벽면 모습. 이미지는 고해상도로 클수록 좋다. 식당의 대표 메뉴 이미지를 벽면 전체에 붙여서 고객의 눈길을 끈다.

식당을 '이미지'로 알려라

음식 사진으로 식당을 드러내고 설명하는 것이 가장 중요하다. 세계적인 패스트푸드인 맥도날드와 우리나라의 롯데리아 매장을 보더라도 외관부터 햄버거 포스터를 잔뜩 붙여 고객에게 설명하고 선택받기를 애쓴다.

물론 이런 전략에서 상품이 가진 속성, 즉 저관여제품인지 고관여제품인지 따라 다르지만 그런 건 나중에 알아가도 된다. 중요한 건 지금 당장 무엇을 파는 식당인지 글과 함께 이미지로 보여주는 작업을 하자. 위 그림처럼 여유 벽면 전체를 활용하는 것도 좋다. 되도록 큰 사이즈의 이미지가 더 설득력이 있다.

• **고관여** : 일반적으로 가격이 높으며 구매하기까지 많은 시간

과 노력을 투입해 구매 결정이 소비자에게 중요한 의미를 가지는 제품. 자동차, 보석, 보험, 상당히 비싼 외식 상품이 해당된다.

- **저관여** : 일반적으로 가격이 싸며 깊이 생각하지 않고 신속하게 구매를 결정해 잘못 구매해도 큰 피해를 입지 않는 제품. 초콜릿, 햄버거, 음료수, 라면 등이 해당된다.

고객은 '상호'를 기억해주지 않는다

처음에 나는 아무런 특징 없는 상호로 식당을 차렸다. 시행착오를 거친 뒤 음식 사진으로 설득해야 한다는 것을 알고 외부를 내가 팔고 싶은 대표 메뉴 이미지로 채웠다.

이렇게 실행하고 나서 손님의 반응이 달라졌다. 고객의 시야에 음식 사진이 들어오니 손님들도 눈길을 두세 번 더 주는 것이 느껴졌다. 이후에는 음식 사진을 좀 더 크게 보여주었다. 여유 공간이 크다면 작은 사진보다 무조건 큰 사진을 선택하는 것이 좋다. 대신 고해상도의 사진을 써야 확대해도 깨지지 않고 선명하다.

고객이 이미지를 머릿속에 각인하고 기억한다는 것을 확인한 뒤에 나는 외부 사진을 더 크게 바꾸었다. 이미지 없는 모습과 큰 이미지가 붙어 있는 외관 중에 어느 식당을 선택할까? 다음 그림에서 외관이 변하는 과정을 보면 답을 알 수 있다.

만약 고퀄리티의 음식 사진이 없다면, 저작권 문제 없는 음식 이미지를 얼마든지 사용할 수 있다. 디자인 업체에서 제공하는 사

● 식당 오픈 당시 외관 모습. 식당 이름 말고는 아무 정보가 없다. 이름만 중식당이지 어떤 음식을 자신 있게 파는지 고객에게 전하지 않았다.

●● 이미지로 식당을 알리려고 바뀐 외관. 끊임없이 식당을 알려야 한다. 주위에 비슷한 식당이 많다 하더라도 어떤 음식을 파는지 이미지로 알리면 고객의 선택을 받을 수 있다.

●●● 식당의 현재 외부 모습. 고해상도의 큰 이미지는 멀리서도 한눈에 보이고 어떤 식당인지를 더 명확하게 알릴 수 있다.

진이 마음에 들지 않는다면 인터넷을 검색해서 찾는 것도 좋다. 하지만 가장 좋은 것은 직접 찍은 사진이다. 우리 식당도 지금까지 직접 찍은 음식 사진을 사용하고 있다.

친절한 메뉴북과 메뉴판만 만들어도 매출은 오른다

"메뉴판 없어요?"

중식당 하면 떠오르는 이미지가 있다. 주로 붉은색을 많이 사용하고 중국식 소품과 정돈되지 않은 홀이 특징이다. 내가 처음 식당을 차렸을 때도 비슷했다. 특히 메뉴판이 하나같이 똑같다. 깨알같이 적힌 수많은 메뉴가 주방 입구나 한쪽 벽면에 붙어 있다.

동네 중식당뿐만이 아니다. 분식집도, 국밥집도, 삼겹살집도 비슷비슷하다. 나 역시 처음에는 그랬다. 왜 다 비슷할까? 업체에서 주로 많이 쓰는 포맷을 그대로 사용하기 때문이다. 대부분의 사장들은 식당 메뉴판만 잘 만들어도 매출이 오른다는 사실을 모른다.

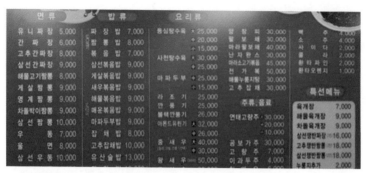

● 천편일률적인 나열식 메뉴판. 대표 메뉴와 서브 메뉴가 무엇인지 정도는 알려줘야 고객이 선택하기 쉽다.

장사에는 전략과 전술이 필요하다

장사에 답은 없지만 방법은 있다. '우리 식당을 선택하게 하는 방법', '우리 식당 손님으로 만드는 방법', '단골 고객과 충성 고객을 만드는 방법'이 있다. 이 방법들을 우리 식당에 맞게 바꿔서 적용하고 실행하면 된다. 이것이 바로 전략이자 전술이고, 내 상품이 더 잘 팔리게 하는 마케팅이다.

더 쉽게 설명하면 '전략과 전술(마케팅) = 설득'이다. 간판이나 외부에 음식 사진을 붙여 식당의 장점을 알림으로써 고객을 충분히 설득하고 호기심을 자극해서 우리 식당을 선택하는 확률을 높일 수 있다.

우리 식당을 방문한 손님에게 설득을 멈추지 말아야 한다. 식당의 모든 것들이 손님에게 끊임없이 말을 걸고 좋은 것을 보여주고 궁금한 것을 해결해주고 이득이 되는 주문 방법과 할인받을 수 있는 꿀팁까지 모두 알려주어야 한다. 식당에 들어서는 순간부터 식사를 마치고 나가는 순간까지 말이다.

손님에게 하는 최고의 스킨십은 '메뉴판 스킨십'이다

식당이 손님에게 끊임없이 설득하는 것을 나는 '스킨십'이라고 표현한다. 하지만 고객 한 사람 한 사람을 붙잡고 할 수는 없다. 이 때 '스킨십'을 도와줄 장치가 바로 메뉴판과 메뉴북이다. 직원이나 사장이 일일이 설명하지 못한 것들과 핵심적인 것들을 메뉴판과 메뉴북에 담아야 한다. 나는 이것을 '메뉴판 스킨십'이라고 부른다. 메뉴판에 음식과 가격 정보만 보여주는 것은 초보다. 무패 사장, 무패 장사법은 달라야 한다. 그래야 적어도 자기 상권 내에서 고수가 될 수 있다.

음식에 대한 정보를 제공하는 메뉴판에 메뉴명과 가격 정보만 있다면 아무런 자극도 감흥도 일어나지 않는다. 손님들은 어떤 음식인지 궁금하다. 똑같은 짬뽕이지만 식당마다 비주얼이 다르다. 어떤 모습인지, 어떤 식재료를 사용했는지, 조리 과정에는 특별한 것이 있는지, 음식의 장점은 무엇인지를 알려주면서 먹어보고 싶은 충동을 느끼게 만들어야 한다.

'오늘은 일단 이걸 먹어보고 다음에는 이걸 먹어봐야지' 하는 마음이 생길 수 있도록 메뉴판을 만들어야 한다. 우선 메뉴명과 함께 음식 사진을 넣는다. 되도록 직접 찍은 사진이 가장 좋지만 그게 어려우면 일단 가장 비슷한 사진이라도 찾아서 활용해야 한다. 다시 말하지만 음식 사진은 고해상도 사진만을 사용하자.

● 메뉴북 첫 페이지에는 대표 메뉴부터 소개하고 그 뒤로 서브 메뉴와 사이드 메뉴 순으로 배치하는 것이 좋다. 몇 번의 실행 끝에 천안짬뽕작전의 메뉴를 소개하는 첫 페이지에는 대표 메뉴와 세트 메뉴를 소개한다.

대표 메뉴는 반드시 첫 페이지에 넣어라

메뉴에 대한 설명을 함께 넣는다. 남들과 다른 핵심 경쟁력을 설명하면 더 좋다. 대표 메뉴와 사이드 메뉴를 나누는 것이 효과적이고, 메뉴북은 첫 페이지에 대표 메뉴, 그다음에 서브 메뉴, 사이드 메뉴 순으로 배치하는 것이 좋다.

참고로 나는 몇 번의 수정 끝에 대표 메뉴, 세트 메뉴, 사이드 메뉴, 주류 순으로 배치했다. 반드시 대표 메뉴가 맨 앞에 와야 한다. 메뉴 수가 많아서 페이지로 구분하기 어렵다면 분리된 칸을 만들어서 대표 메뉴라는 것을 부각해야 한다.

식당의 역사, 스토리텔링, 맛있게 먹는 방법 등 직접 알려주기

● 메뉴북에는 고객이 알면 좋은 정보들로 채우는 것이 좋다. 좋은 식재료 이야기나 스토리텔링으로 식당을 알리고 기억하게 만들어야 한다.

힘든 것들을 메뉴판에 친절하게 설명한다. 주문한 식사를 기다리는 동안 식당에 관한 스토리를 읽거나 내가 주문한 음식이 어떤 특징이 있고 다른 점은 무엇인지를 알게 된다면 음식을 즐기는 데 도움이 될 것이다. 식당의 비법이라도 모두 적어야 한다.

식당과 음식에 관한 정보를 친절하게 알려주는 메뉴와 가격 정보만 있는 메뉴판. 과연 손님은 어떤 것에 더 호감을 가질까? 정보를 제공하지 않으면 고객은 자신이 선택한 메뉴가 기대에 어긋나거나 틀리지 않을까 하는 불안감이 생긴다. 그래서 '올바른 선택입니다' 하고 메뉴북(판)으로 알려주는 것이다.

메뉴 이름만 바꿔도 매출은 오른다

더 많은 손님이 방문하기 위해서는 외관부터 전문성을 드러내야 한다. "여기 식당이 있어요", "한번 봐주세요", "어때 먹고 싶지?" 라고 끊임없이 말을 거는 것이다. 손님에 대한 설득에는 여러 가지가 있지만 그중 메뉴 이름(네이밍)으로도 기대감을 줄 수 있다.

대부분의 식당 메뉴 이름은 다 비슷하다. 중식당 하면 99퍼센트 그냥 짜장면, 짬뽕이다. 익히 아는 음식이니 별다른 설명이 필요 없다고 생각하는 것이다. 하지만 메뉴 이름만 바꿔도 고객의 기대감이 달라진다.

오래전 프랜차이즈 식당에서 본 것 중 하나가 '7분돼지김치찌개'였다. 7분 동안 뚜껑을 열지 말고 끓여야 하고 돼지고기가 들어 있다는 설명까지 적혀 있었다. 이름에서 메뉴의 특징을 드러내면서 상상력과 호기심을 자극했다.

나는 간짜장을 300간짜장으로 바꾸고 300도 가까이 높은 온도에서 볶아서 완성되는 간짜장이라는 설명을 달았다. 간짜장이 만들어지는 과정을 메뉴명으로 표현한 것이다. 간짜장은 짜장면 보다 1,000원이 더 비싸서 주문량이 적다고 생각했지만 이름을 바꾼 300간짜장이 대표 메뉴만큼이나 주문량이 많아졌다.

사이드 메뉴인 감자복만두는 항상 이름이 마음에 걸렸다. 감자복만두의 특징은 고기 함량이 높아 담백하다는 것이었다. 그래서 '속이꽉찬 고기복만두'로 바꾸자 이것 역시 주문량이 늘었다. 메뉴의 장점과 특징, 들어가는 식재료, 만들어지는 과정을 가지고도 얼마든지 독특한 이름을 지어서 손님이 지갑을 열게 할 수 있다.

다음과 같이 앞에 몇 글자만 붙여도 충분하다.

- 부대찌개 → 수재햄 부대찌개
- 탕수육 → 유자 탕수육
- 설렁탕 → 고기듬뿍 설렁탕
- 갈치조림 → 제주도 갈치조림

그냥 삼겹살보다는 '100번칼집 삼겹살' 또는 '눈꽃 삼겹살'이라고 특징을 살리면 된다. 특징만 잘 표현해도 설득이 되고 기대감을 충분히 줄 수 있다. 설득이 되면 가격 저항선은 자동으로 허물어진다. 전국의 그 많은 식당에서 각자 다른 방식으로 음식을 만든다. 그런데도 모두 같은 이름을 쓴다. 이제는 음식을 만들어내는 데 쏟아부은 정성만이라도 이름에 표현하자.

세상 하나뿐인 나만의 스토리텔링을 만드는 방법

메뉴 이름에 특징과 장점을 드러내면 스토리텔링이 자동으로 이루어진다. 누구도 따라 하거나 흉내 낼 수 없는 나만의 스토리텔링이다.

스토리텔링이란 '스토리(story)'와 '텔링(telling)'의 합성어로서 '이야기하다'라는 의미다. 상대방에게 알리고자 하는 것을 재미있고 생생한 이야기로 설득력 있게 전달하는 행위를 말한다. 쉽게 말하면 드라마를 만들어서 궁금증을 자아내는 것이다.

우리나라에는 전 세계에서 따라 가지 못할 정도로 음식 이야기가 많다. 가을을 대표하는 음식 중 전어는 '집 나간 며느리도 돌아온다는 생선'이다. 도대체 얼마나 맛있기에 집을 나간 며느리가 돌아온다는 걸까? 전어라는 생선을 모르던 사람도 이 이야기를 듣는 순간 맛이 궁금할 것이다. 이야기를 듣는 순간 궁금해 미치게 만드는 것이 바로 스토리텔링의 힘이다.

부대찌개 주재료인 햄을 직접 만든다면 그 과정을 간단하게 메뉴판에 알린다. 갈치조림에 쓰일 제주도 갈치를 공수해오는 고생스럽고 부지런한 과정을 드러내자. 이것이 바로 세상에 하나뿐인 식당의 스토리텔링이 되는 것이다.

메뉴판 스킨십의 끝판왕
POP와 픽토그램 활용하기

음식 기다리는 손님, 시선 둘 데가 필요하다

메뉴판에 그토록 꼼꼼하게 설명하고 알리는데도 메뉴판을 보지 않는 손님이 많다. 처음에는 대수롭지 않게 생각했지만 중식당 특성상 테이블에 앉으면서 "짬뽕 하나 주세요"라고 주문한다. 음식이 나오려면 시간이 걸린다. 주문이 밀리는 점심시간에는 좀 더 기다려야 한다. 기다리는 동안 지루함도 달래고 어떤 이야기가 있는 식당인지를 알려주려고 메뉴판을 만들었는데, 손님들은 주문한 음식이 언제 나올까 하고 주방만 뚫어지게 바라본다.

그 시선을 돌릴 만한 장치를 만들어야 했다. 손님이 식당에 머무는 시간, 듀레이션(duration)이 대략 20~30분 정도다. 업종마다 다르겠지만 식사를 하는 평균 시간이다.

손님이 식당에 머무는 동안 자신의 식당을 필사적으로 손님의

● 식사를 기다리는 동안 손님들의 시선을 잡아줄 POP. 주문과 동시에 테이블에서 사라지는 메뉴판과 달리 POP는 손님이 식사하는 동안에도 노출되는 장점이 있다. 끊임없이 식당을 알려야 기억에 남길 수 있다.

눈과 머릿속에 각인시켜야 된다. 집요하게 식당을 알리고 설명해야 한다.

그래서 만든 또 다른 메뉴판 스킨십은 'POP'였다. 주문하고 나면 손님은 일단 메뉴북을 테이블 한쪽 구석으로 치운다. '손님에게 메뉴북을 꼼꼼히 보세요'라고 할 수도 없는 노릇이다. 하지만 POP는 어디 치울 수도 없고 항상 테이블 위에 있다. 음식을 기다리는 동안 시선을 두리번거리다 한 번쯤은 보게 된다.

POP는 어떤 게 좋을까?

메뉴판을 안 보는 손님에게는 POP만큼 좋은 것도 없다. 핵심만 전달하기에 가장 효과적이기 때문이다. 맛있게 먹는 방법이라든가 할인받는 방법을 알려주면 좋다. 특히 할인 정보를 담고 있다면 무조건 관심을 가지고 유심히 본다. 할인을 해주겠다는데 무시할 고객은 극히 드물다. 이렇게 손님에게 이득이 되는 정보를 POP에 담는 것을 추천한다.

식사하는 동안에도 메뉴판 스킨십으로 "여기 좀 봐주세요", "제발 여기 좀 쳐다보주세요" 하고 계속 말을 걸어야 한다. 지금보다 나은 식당이 되는 것은 고객에게 얼마나 많은 선택을 받는가에서 판가름이 난다. 이것을 시장점유율이라고 한다. 다르게 말하면 '고객점유율', 즉 우리 식당이 얼마나 많은 손님을 차지하느냐의 싸움이다.

고객에게 끊임없이 알려서 자신의 식당(브랜드)를 찾게 하는 것이 '브랜드 인지도'를 높이는 행위다. 무조건 인지도부터 올리는 것이 정답이다. 식당을 알리고 설명하기를 멈추면 안 되는 이유가 여기에 있다. TV 광고가 반복적으로 나오는 것도 동일한 원리다.

많은 사람들에게 알려야 한다. 일단 자신의 식당을 방문한 손님부터 설득한다. 아직 오지 않은 잠재고객에게 알리는 것은 이후의 문제다. 손님들이 또다시 식당을 찾을 수 있도록 메뉴판 스킨십을 최대한 이용하자.

한 장으로 의미를 전달하는 픽토그램 활용하기

반복적으로 식당의 장점을 알리는 장치는 많을수록 좋다. 그중에 픽토그램이 있다. 픽토그램이란 '어떤 사람이 보더라도 같은 의미로 통할 수 있는 그림으로 된 언어체계'다. 단순한 이미지 한 장으로 메시지를 충분히 전달할 수 있는 장치로, 크게 두 가지의 단순한 메시지를 전달한다. '예스(YES)'라는 긍정과 '노(NO)'라는 부정 메시지다.

나는 우리 식당의 장점과 손님이 알면 좋은 것들만 뽑아서 우리 식당만의 픽토그램을 만들었다. 스마트폰 데이터를 걱정하는 손님을 위해 와이파이 비밀번호, 보통과 곱빼기 값이 동일하다는 것, 포인트 적립, 후식 커피는 스타벅스, 할인 쿠폰 받는 방법 등과 같

● 천안짬뽕작전의 픽토그램. 고객에게 이득이 되는 12가지 혜택을 한 장에 담아 테이블에 부착해두었다.

이 손님에게 드리는 열두 가지 혜택을 한눈에 보기 쉽게 알렸다. 픽토그램을 사용할 때는 '당부드립니다', '하지 말아주세요'와 같이 부정적인 의미와 메시지는 전달하지 않는 것이 좋다. 부정적 메시지가 많으면 식당도 부정적 이미지로 기억되기 쉽다.

구글 검색만 해도 수만 가지 픽토그램이 있고 인터넷 쇼핑몰에서도 스티커처럼 사용할 수 있는 픽토그램을 쉽게 구할 수 있다. 하고자 하면 망설일 필요가 있을까? 이제 선택은 당신의 몫이다.

파사드로 고객의
눈길을 사로잡아라

식당도 뽐내야 한다

한적한 곳에 자신의 식당밖에 없다면 모를까, 그렇지 않다면 다른 식당과 보이지 않는 신경전을 벌여야 한다. 식당은 고객의 선택을 받아야 한다. 그래서 더 화려하고 더 눈부시고 밝게 뽐낸다.

아직 식당을 방문하지 않은 잠재고객에게 선택받아야 식당을 알릴 기회가 주어진다. 식당은 고객에게 자신을 마음껏 뽐내야 한다. 거리를 지나가는 사람들에게 말을 걸어야 한다. "여기 한번 봐주세요." 자신의 점포를 경쟁자보다 먼저 알아볼 수 있게 하는 것을 전문 용어로 '파사드'라고 한다.

● 진한 노란색으로 단번에 눈에 띄는 '빽다방' 파사드

●● '메콩타이'는 전체를 초록색으로 파사드를 꾸며 어두운 밤에는 잘 보이고 주변과 확실하게 분리된다.

●●● '연남쌀국수 똣'은 베트남 식당이 연상되는 벽화로 파사드를 만들어 주변과 섞이지 않고 독립적이어서 기억하기 쉽다. 식당의 특징을 설명하기도 쉬워서 많은 식당이 뒤섞여 있는 연남동 거리에서 단연 돋보인다.

중요한 건 주변에 묻히고 섞이지 말아야 한다

파사드는 '건축물의 주된 출입구가 있는 정면부로, 내부 공간 구성을 표현하는 것과 관계없이 독자적인 구성과 표현을 취하는 것'이다. 점포 전체를 한눈에 보여주는 것 또는 주변에 묻히지 않고 내 점포만을 눈에 띄게 드러내는 것이다.

식당 콘셉트와 핵심 경쟁력도 중요하다. 슬로건이나 사업 철학도 필요하고, 어떤 상품을 파는지도 매우 중요하다. 하지만 이러한 것들을 모두 갖췄다 하더라도 식당을 방문하는 손님이 없다면 허사다. 주변 가게들과 비슷한 외관이면 묻혀버리기 쉽다. "여기 식당 있어요"라고 외쳐봐야 알아보지 못한다. 이때 파사드가 고객의 시선을 잡아채는 역할을 한다.

식당을 선택하게 하는 첫 번째 관문이 식당의 파사드다. 단골이 될지 충성 고객이 될지 모를 고객의 눈길을 확 끌어야 기회가 생긴다. 파사드의 역할은 먼저 식당에 대한 호기심이 생기도록 하는 것, 그다음은 식당에 들어오기 전부터 호감과 기대감을 높이게 하는 것이다. 즉 찰나의 순간에 시선을 붙잡는 것이다.

처음부터 식당 인테리어를 한다면 파사드로 외관을 뽐내면 된다. 현재 식당을 경영하고 있는 상황이라면 다시 공사를 하기가 쉽지 않다. 하지만 적은 돈으로 간단하게 할 수 있는 방법은 얼마든지 있다. 나는 인테리어 사기를 당하고 포기해야 했던 파사드를 조명으로 해결했다.

● 식당 처마 밑에 열 개의 조명을 설치했다. LED 조명을 24시간 켜두고 식당이 영업 중이라는 것을 알렸다. 주변이 어두워지는 저녁이 되면 가장 밝은 식당이 되고 조명이 파사드 역할을 한다.

적은 비용으로 초간단, 조명은 제2의 파사드

적은 비용으로 최대한의 효과를 낼 수 있는 방법이 조명을 이용하는 것이다. 식당 입구 처마 밑에 불전구를 달아 24시간 켜두기로 했다. 잘 보일까 하는 의심도 있었지만 대낮에도 조명 때문에 식당이 영업 중이라는 것을 표시하는 셈이었다.

어두워지기 시작하면 실내 조명 불빛과 합쳐져 상권 내에서 가장 밝은 식당이 되었다. 그만큼 고객의 시선을 잡아챌 확률이 높다. 개당 1만 원인 전구 열 개, 설치비용을 포함해도 20만 원이면 충분하다. 설치도 어렵지 않아 나는 직접 했지만 혹 걱정이 된다면 전문가에게 맡기는 것이 좋다.

LED 불전구 조명을 응용하면 얼마든지 더 좋은 초간단 파사드 효과를 낼 수 있다. 간판 디자인과 색상을 바꾸는 것도 좋고, 여유가 없다면 큰 현수막을 내다 거는 것도 도움이 된다.

식당의 경쟁력이 부족하더라도 파사드만 좋으면 된다고 생각하면 큰 오산이다. 파사드로 선택받았다면 손님에게 좋은 경험을 드릴 수 있는 기회를 얻은 것이다. 경쟁자보다 고객의 시선을 먼저 잡아채면 우리 식당의 단골로 만들 기회가 생기는 것이다.

음식 촬영은 직접 하라

메뉴판 사진과 실제 제공되는 음식이 똑같아야 한다

메뉴판을 처음 만들 때는 인터넷과 구글 검색, 무료 이미지 사이트에서 내가 팔고 있는 음식과 비슷한 사진을 무료로 다운로드하거나 일정 비용을 지불하는 유료 사진을 사용했다. 매번 검색을 반복하다 원하는 사진이 없을 때는 간판업체를 통해 해결하기도 했다. 하지만 손님 테이블에 제공되는 음식과 메뉴판 음식 이미지가 다르다는 것이 계속 마음에 걸렸다.

메뉴판의 사진과 실제 음식이 다르다고 따지는 손님은 없었지만 손님을 속이는 듯해 마음이 불편했다. 어쩌다 따지는 손님이 가끔 있었는데 그것을 무시하다 보면 더 큰 문제가 생길 것 같았다. 어차피 사진은 사진일 뿐이라고 생각할 수도 있다. 하지만 손님은 "동네 식당이 그렇지, 뭐"라고 별 기대를 하지 않고, 그렇게 우리 식당은 손님의 기억에 남지 않게 된다.

음식 사진 한 장으로 얻을 수 있는 것들

실제로 제공되는 음식 사진을 직접 찍어서 얻을 수 있는 것들이 상당히 많다. 여러 가지 음식을 한 번에 맛볼 수 있는 세트 메뉴 구성도 글보다 실제 제공되는 음식 사진으로 보여주면 양을 판단하기도 쉽다. 자칫 헷갈릴 수 있는 세트 메뉴는 사진으로 더 많은 정보를 제공할 수 있다. 무엇보다 중요한 것은 손님들이 메뉴판을 보고 기대감을 가지고 주문했는데 주문한 음식이 동일하게 나왔을 때 분명 좋은 반응을 보인다는 점이다. 이때 식당은 손님에게 신뢰감을 얻을 수 있다.

내가 속한 동네 상권만 하더라도 중국집 음식 사진이 어디서 가져온 것처럼 하나같이 똑같다. 그렇다면 나는 그렇게 장사하지 말아야 된다. 간판업체에서 제공하는 사진 말고 실제로 조리된 음식을 직접 찍어서 손님의 기대감을 신뢰감으로 전환하자.

스마트폰 하나면 누구나 사진작가

음식 촬영 전문가에게 문의했지만 촬영 비용이 예상보다 많았다. 자금이 여유롭지 않아서 찾은 대안이 직접 촬영하는 것이었다. 지금까지 내가 실행하며 얻은 결과로 비춰볼 때 시도해보지도 않고서 안 된다고 판단하는 것은 어리석은 짓이다. 한번 해보고 안

● 낡은 디지털카메라와 스마트폰. 작업등으로 음식 사진을 찍었다.

되면 다른 대안을 찾으면 된다. 분명한 것은 하다 보면 처음보다 좋은 결과를 얻는다는 사실이다.

나한테는 아주 오래전 유행하던 손바닥만 한 디지털카메라와 그 당시 쓰고 있던 스마트폰과 조명으로 쓰일 작업등이 전부였다. 음식 촬영을 위한 장비라기에는 초라했지만 기죽을 필요 없었다. 요즘은 스마트폰으로도 누구나 멋지고 전문가다운 사진을 찍을 수 있다.

이번에도 아내는 항상 무언가에 홀린 듯 실행에 나서는 나를 믿고 든든한 지원군이 되어주었다. 영업을 마치고 나와 아내는 장비라고 할 수 없는 초라하기 짝이 없는 오래된 디지털카메라와 스마트폰으로 음식 사진을 찍었다.

단돈 1원도 들지 않은 초보들의 음식 촬영이었다. 초점이 흔들리거나 구도가 이상해도 일단 늦은 저녁까지 찍고 또 찍었다. 3일

● 식당에서 사용하는 음식 사진은 직접 촬영할 것을 적극 추천한다. 음식 사진 잘 찍는 방법은 유튜브로 쉽게 배울 수 있다.

정도 그렇게 모든 음식을 찍었다. 그렇게 모인 수백 장의 음식 사진 중 실제로 쓸 만한 것은 메뉴별로 두세 장 정도였다.

식당이 조금씩 성장하자 더 좋은 촬영 장비도 중고로 구매하고 셀프 스튜디오까지 만들어 음식 사진을 연출하고 촬영했다. 우리의 무모한 음식 사진 셀프 촬영은 예상 밖의 좋은 결과를 낳았다. 그 결과는 '하면 된다'였다. 그리고 직접 촬영한 음식 사진으로 식당에 있는 모든 음식 사진을 교체했다.

내 음식을 가장 잘 표현할 수 있는 사람은 나다

인터넷에서 찾은 음식 사진은 자신의 식당을 표현하고 설명하는 데 오류가 많다. 고기가 푸짐하게 들어간 김치찌개, 국밥에 수북이 쌓인 고기, 남다르게 양이 많은 보쌈과 족발, 무엇이 달라도 경쟁자보다 다르다.

다름은 내 음식의 자부심이다. 남들과 똑같은 사진으로 자부심을 표현할 수 없다. 셀프 촬영은 어렵지 않다. 조명 대신 작업등으로 충분하다. 사진 찍는 실력이 없다며 겁내지 말자. 스마트폰으로도 전문가 못지않은 사진작가가 될 수 있다.

남들하고 똑같은 사진으로는 자기 식당의 장점을 표현하지 못한다. 직접 찍은 사진으로 기대감과 신뢰감을 동시에 잡아야 한다. 유튜브에서 검색하면 '초보도 음식 사진 잘 찍는 법'이 나온다. 방법을 잘 익혀서 망설이지 말고 오늘부터라도 직접 촬영하자. 5분만 투자하면 전문가가 찍은 듯한 사진을 연출할 수 있다. QR코드를 스캔해 음식 사진 잘 찍는 법을 익혀보자.

음식 사진 잘 찍기

우리 식당 디자인은 사장이 직접 하라

식당은 종합예술무대이고 식당 사장은 그야말로 만능 엔터테이너가 되어야 한다고 할 정도로 그 범위를 가늠할 수 없다. 식당 사장은 사소한 일이라도 직접 해야 한다. 정확히 어디까지가 사장의 역할인지는 알 수도 없고 정해진 것도 없다. 조명이 나가거나 싱크대 수전에서 물이 새거나 화장실 비데와 냉장고가 고장 날 수도 있다. 아무 탈 없던 식당 천장에서 느닷없이 빗물이 떨어질 수도 있다. 걸핏하면 배수구가 막혀 역류를 반복하기도 한다. 무더운 여름날 갑자기 고장 난 에어컨은 생각만 해도 머리가 어질어질하다. 수백 가지 일들이 언제 터질지 모르는 곳이 식당이다.

아찔한 상황을 빠르게 해결할 수 있는 능력이 있다면 금상첨화겠지만 하루하루 식당 일을 하기도 벅찬 것이 현실이다. 식당은 자잘하고 사소한 문제들이 끊임없이 발생하는데 그때마다 전문가를 부른다면 비용 지출이 크다. 그래서 사장은 만능이 되어야 한다.

식당 사장은 만능 엔터테이너가 되어야 한다

전문가에게 맡기던 식당 홍보물 디자인도 사장이 직접 할 것을 추천한다. 가장 많은 비중을 차지하는 것은 메뉴 가격 수정, 이벤트 현수막, POP다. 이런 일들은 간판업체를 통하면 쉽게 만들 수 있지만 내가 원하는 결과물이 나오기가 쉽지 않다. 다시 수정하면 비용이 드니 어쩔 수 없이 그냥 사용한다.

내가 생각하는 이미지와 문구 등을 업체 측에 아무리 열심히 전달해도 어딘가 모르게 다른 식당들과 비슷비슷하다. 상대가 내 생각을 100퍼센트 이해하거나 느낌을 알아채는 것은 불가능에 가깝다. 그리고 무엇보다 업체 측 디자이너는 의뢰자의 식당에 애정을 가지고 작업해줄 리 없다.

나는 이런 문제점들을 개선하고 식당이 원하는 결과물을 얻기 위해 직접 디자인한다. 우리 식당에 적합한 디자인을 직접 할 수 있는 간단한 방법을 공유하겠다. 소상공인 모두 프로 디자이너 못지않은 전문가가 되었으면 하는 바람이다.

직접 할 수 있는 도구들

직접 디자인하는 데 가장 쓸모 있는 도구로 '미리캔버스'를 추천한다. 네이버나 구글 검색창에 '미리캔버스'를 검색하면 '디자인 플랫폼 미리캔버스' 사이트가 뜬다. 이 사이트에 접속하면 직접 디자인을 할 수 있다. 이용 방법은 아주 쉽고 간단하다.

'비즈하우스' 사이트도 추천한다. 카카오톡, 네이버, 구글에 가입되어 있으면 1초 로그인이 가능하다. 무엇보다 가장 좋은 점은 무료라는 것이다. 스마트폰으로도 이용할 수 있으니 SNS에 올리

● 무료 디자인 툴 미리캔버스와 비즈하우스를 이용하면 누구나 직접 디자인이 가능하다. 또 직접 하기 어려운 것은 전문 디자이너를 연결해주기도 한다.

는 공고나 이벤트 이미지는 바로 만들어서 사용한다.

직접 디자인하고 홍보하기

식당에 필요한 현수막과 POP 등의 디자인을 직접 해보자. 업체에 의뢰하면 결과물이 나오기까지 시간이 걸린다. 내 생각과 다를 때는 수정을 거치다 보면 상당한 시간을 소모한다. 정작 필요한 때보다 늦거나 원하는 날짜와 시간에 맞추려다 보니 조금 달라도 적당히 타협한다.

원하는 이미지와 문구를 넣고 내가 원하는 상황에 맞게 바로바로 활용해서 남들보다 발 빠르게 자신의 식당을 찾는 손님과 소비자에게 제공한다. 내 생각은 그 누구보다 내가 가장 잘 디자인할 수 있다.

먹고 마시는 상품이라면 닥치고 '시즐'

시즐이 뭔데?

셀프 촬영으로 고화질의 음식 사진을 찍었다면 거기에 온도, 맛, 냄새를 입혀야 완벽한 음식 사진이 된다. 처음에 음식 사진 촬영을 할 때는 이런 사실조차 몰랐다. 관심을 가지고 자료를 찾아보고 알게 된 것이 '시즐(sizzle)'이다. 세상의 모든 상품, 그중에 먹고 마시는 모든 상품에는 시즐이 있어야 된다.

시즐은 기름에 굽거나 튀기는 소리를 뜻하는데, 핵심 포인트가 될 만한 소리를 활용해 구매 욕구를 자극하는 광고 기법이다. 맥주 광고의 "캬~" 하는 효과음이나 감자칩의 바삭 하는 소리, 제품 위에 소스나 재료가 떨어지는 모습을 부각하는 것이다.

쉽게 말해 고기 굽는 소리, 구운 고기 자르고 먹는 모습, 시원한 음료나 맥주병 따는 소리, 음료 잔에 탄산이 튀어오르거나 거품이

● 시즐이 있는 사진(좌)과 없는 사진(우). 음식 사진에서 온도감을 전달해야 맛이 어떨지 궁금하고 시각을 넘어서 후각, 청각까지 오감을 자극할 수 있다. 자극은 기억에 남기고 구매로 연결된다.

넘치는 모습 등 사진이나 광고를 보는 순간 먹고 싶다고 느끼도록 표현하는 것을 시즐이라고 한다.

시즐이 음식에 생명을 불어넣는다

음식 사진에서 시즐은 생명과 같다. 시즐이 있는 사진과 없는 사진은 극명하게 다르다. 이제는 광고를 넘어 길거리에서도 시즐을 접하고 있지만 우리는 그런 시즐에 설득당하고 있다는 사실을 알아채지 못한다. 왜 광고가 시즐이란 것을 이용해 소비자의 구매 욕구를 자극하려고 애쓰는지 생각해봐야 한다.

시즐이 없는 사진으로는 구매 욕구를 자극하기에 부족하다. 동

230

영상도 시즐이 없으면 설득력이 떨어진다. 그런데 김이 모락모락 나는 사진을 보면 금세 군침이 돈다. 음식에 시즐(온도감)을 입혔더니 전에 없던 반응이 생겼다. 방금 만들어 나온 음식처럼 오감을 자극해서 맛을 상상하게 만든다. 음식에 생명을 넣은 셈이다.

내가 처음 찍은 사진들도 온도감이 없었다. 이후에 찍은 사진들은 시즐을 최대한 사용하고 사진 보정(포토샵)을 통해서라도 온도감을 입혔다. 한 가지 더 팁을 주자면 SNS에 자신의 식당을 열심히 알리기 위해 공유하는 사진에도 시즐을 입힌 것이 오감을 더욱 전달할 수 있다.

TV는 버리고, 조명은 바꿔라

식당 TV, 정말 손님을 위한 것인가?

작은 식당, 큰 식당 따질 것 없이 TV 하나쯤은 설치되어 있다. 음식을 기다리는 손님들이 지루하지 않도록 하기 위함이다. 가끔 중요한 뉴스나 스포츠가 나올 때 식사하면서 볼 수 있도록 하기 위해서다.

이제 식당 한쪽 구석이나 벽걸이로 한 자리 차지하고 있는 TV에 대해 진지하게 생각해보자. TV가 있어서 정말로 손님이 지루하지 않고 매출에 도움이 될까? 식당에서 TV 시청을 누가 가장 많이 하는지부터 따져봐야 한다. 그건 바로 사장이다.

조금 한가하다고 빈 테이블에 앉아서 TV를 보는 사장의 모습을 지나가는 사람들이 보면 무슨 생각이 들까? "이 집은 장사가 안 되는구나" 하고 부정적인 생각이 들 것이다. 반대로 장사가 잘되는 식당은 사장과 직원은 물론 손님들도 TV 볼 시간이 없다.

손님의 관심을 TV에 양보하지 마라

그보다 더 큰 문제는 따로 있다. 손님이 TV를 보면 식당에 집중하지 못한다. 평균적으로 식당에 머무는 듀레이션이 20~30분이다. 이 시간 동안 손님은 온전히 식당에 대한 경험을 해야 한다. 그런데 TV를 보느라 어떤 식당인지 전혀 안중에도 없고 관심도 없다. 주문한 음식이 나오면 식사하면서도 시선은 온통 TV에 쏠려 있다.

한땀 한땀 정성 들여 만들고 준비한 음식과 식재료에 대한 이야기 또는 식당의 스토리텔링을 알리고 "봐주세요"라고 말을 걸고 있는데 전혀 관심을 받지 못하는 환경이다. TV 때문에 음식에 대한 기억이 남기도 힘들다. 식당에서 TV는 전혀 도움이 안 되는 불필요한 존재다. 없는 것이 훨씬 낫다.

자랑거리를 동영상으로 찍자

식당에 있는 TV가 불필요하다면, 그 용도를 바꿔서 손님이 식당에 머무는 시간 동안 좀 더 집중할 수 있게 만들어보자. TV에 우리 식당에 대한 정보를 내보내는 것이다.

TV에 계속해서 식당에 대한 정보를 내보내는 것은 뉴스나 스포츠를 틀어두는 것과는 비교조차 할 수 없다. 손님이 음식을 기다리

● 식당에서는 TV에서 방송 프로그램을 보여주지 않는 것이 좋다. 식당에 관한 동영상을 재생해서 홍보용으로 사용하는 것이 백 배는 더 효과적이다.

는 동안 내가 주문한 해장국이 어떻게 만들어지는지 육수가 펄펄 끓고 있는 가마솥 동영상을 보여주거나, 짬뽕 조리 시 웍에서 불맛이 입혀지는 과정을 보여준다. 돈가스가 기름에 바삭하게 튀겨지는 모습과 돌판 위에 지글거리는 돌짜장을 보여주어도 좋다. 음식을 기다리는 동안 손님들은 식당 TV에 나오는 동영상에 이미 세뇌된다. 침이 꼴깍 넘어가는 찰나 '분명 맛있을 거야!'라는 생각을 하게 된다.

식당에 대해 알릴만한 콘텐츠 종류는 많다. 스마트폰을 활용해 자신의 식당에서 자랑하고 싶은 것이나 장점을 동영상으로 찍어보자. 음식을 준비하는 과정이나 바쁜 점심시간에 분주한 모습을 찍어도 좋다. 신선한 식재료를 구매하는 모습이나 음식을 조리하는 과정도 좋은 콘텐츠가 된다. 스마트폰으로 찍은 동영상을 TV에 틀기만 하면 된다. 앱 없이 스마트폰 기본 편집 기능만 이용해도 얼마든지 훌륭한 동영상을 만들 수 있다.

식당에 설치된 TV 한 대만으로 충분하지만 욕심을 조금 내자면 외부 쪽으로 TV를 한 대 더 설치해 바깥에서도 볼 수 있으면 더 효과적이다. 김이 모락모락 나고 지글지글거리는 음

식당 TV 용도 변경

식 동영상을 보고 그냥 지나치기는 힘들다. 분명 가던 길을 멈출 것이다.

'인증샷'부터 찍는 시대, 조명이 관건이다

식당은 눈으로 보이지는 않지만 느껴지는 기운 같은 것이 있다. 손님을 끌어당기는 힘 같은 것이랄까. 많은 식당 사장들이 눈치채지 못하고 있지만 손님을 끌어당기는 힘, 기운을 느끼게 해주는 것이 바로 조명이다. 오픈하고 2년 동안 우리 식당은 그런 기운이 전혀 느껴지지 않았다. 그런데 조명 하나 바꾸고 매출이 크게 늘어나는 놀라운 경험을 했다.

요즘은 음식을 맛보기 전에 핸드폰으로 사진부터 찍는 것이 의식처럼 되어버린 시대다. 음식 사진을 SNS에 올려 공유하기 위해서 주문한 음식을 테이블에 내려놓는 순간 먹음직스럽게 보이거나 식욕을 당길 수 있도록 먼저 눈으로 설득되어야 한다. 스마트폰으로 음식 사진을 찍는 데 도움이 되는 요소가 빛이다.

빛(조명)에는 크게 네 가지 요소가 있다. 조도, 휘도, 색온도, 연색성이다. 조도는 빛의 밝기를 말하며 테이블과 벽 등에 비춰지는

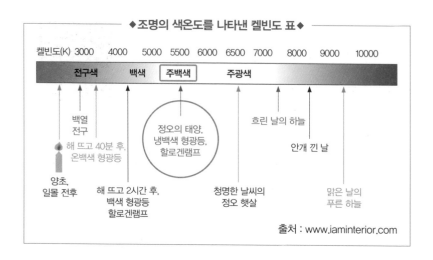

빛의 양으로 단위는 럭스(lx)다. 휘도는 사물이 빛을 받아서 반사되는 빛의 양을 말한다. 연색성은 태양빛에 가장 가까우면서 빛을 비추었을 때 얼마나 자연광에 가깝게 표현하는지를 나타내는 것이다. 색온도는 빛이 지닌 색감의 차이를 말한다. 태양이 뜨고 질 때 그리고 정오의 태양빛 색감은 다르다. 이런 것을 나타내는 것이 색온도이며 '켈빈도'라고 부른다.

색온도를 가장 잘 나타내는 조명을 선택하라

빛의 네 가지 요소가 모두 있으면 좋겠지만 식당에서는 무엇보다 색온도에 집중하는 것이 좋다. 이때 대표 메뉴와 궁합이 맞는 색온도의 조명을 사용하는 것이 좋다. 색온도가 낮은 전구색(오렌지색) 계열은 심리적으로 식욕을 자극한다. 음식 맛에 대한 기대감을 올리는 것이다. 갈비, 빵, 불고기, 스테이크와 같이 굽는 음식에는 3,000~4,000K의 낮은 색온도 조명을 쓰는 것이 좋다. 따뜻한 빛에 음식이 더 따뜻하고 맛있게 느껴진다. 게다가 마음을 여유롭고 편안하게 만들어준다. 매일 스치는 식당을 유심히 한번 살펴보자. 프랜차이즈 식당에서 전구색 조명을 많이 사용하는 이유를 알게 될 것이다.

반대의 조명을 써야 하는 식당은 횟집과 일식집이다. 하얀색에 가까운 5,000~5,500K을 사용하는 것이 좋다. 파란색이 감도는 흰빛은 찬 음식을 더욱 차게 그리고 채소나 녹색 음식을 더욱 선명하게 만든다. 또 색온도가 높은 조명은 심리적으로 긴장감을 주고 활동적으로 만드는 효과가 있어 대형마트나 특히 가전제품을 판매하는 곳에서 많이 사용해 활기찬 쇼핑을 유도한다.

참고로 횟집의 전체적인 분위기는 전구색의 3,000~4,000K의 낮은 색온도 조명을 사용하고, 싱싱한 회를 비추는 조명은 형광등처럼 밝은 5,000K 조명을 사용할 것을 추천한다. 두 가지 조명을 사용하기가 어렵다면 형광등(주백색)과 전구색 중간인 4,500K의 백색을 사용할 것을 추천한다.

겨우 조명 하나 바꾸었을 뿐인데

나는 식당 형광등 절반을 전구색으로 교체했다. 단지 조명만 바꾸었을 뿐인데 손님들에게 식당이 포근해졌다고 말을 듣게 되고 매출까지 오르게 되었다. 이후 인테리어 공사 때 모든 조명을 음식과 잘 어울리는 전구색으로 설치했다. 스마트폰으로 사진을 찍고 SNS에 공유하고자 하는 사람들에게 사진이 잘 나오는 환경을 만들어주는 것이다.

주변 식당들은 아직도 차갑고 긴장감을 주는 밝은 형광등이다. 조명이 이렇게 중요한지 모르니 아직도 수많은 식당들이 자신의 음식과 맞지 않는 삼파장 형광등의 5,000K 조명을 사용한다. 조명만 바꿔도 음식에 대한 기대감이나 식욕을 자극할 수 있다. 형광등의 밝은 조명은 밖에서 볼 때 식당이 차갑게 느껴진다. 전구색 조명으로 안정되고 따뜻한 분위기를 만들어주어야 한다.

몰라서 안 하는 것과 알고도 안 하는 것은 다르다. 조명의 중요함을 알게 됐으니 지금 내 식당에 맞게 바로 실행해보자.

'누구나 서비스'와 '선택적 서비스'를 적절히 제공하라

어떤 일에도 끄떡없는 무패 장사란?

식당을 오픈하고 한 달 뒤 메르스가 터졌다. 그리고 코로나19로 인해 대한민국 거의 모든 음식점은 매출 감소라는 직격탄을 받았다. 장사에 대해 전혀 모르고 준비 없이 창업했던 나 역시 순탄하지 않았다. 코로나19가 종식된다고 해도 비슷한 일들은 얼마든지 다시 일어날 수 있다.

전쟁 같은 상황을 두 번이나 겪으면서 눈에 보이는 것들이 있었다. 코로나19에도 끄떡없는 무패 식당, 무패 장사의 방법들이었다. 아무리 힘들어도, 세상이 두 쪽 난다고 해도 1등과 꼴찌가 존재한다. 1등 식당은 맛 때문일 것이라고 섣불리 결론지어서는 안 된다. 음식 맛은 측정할 수 없는 영역이다. 잘되는 식당들의 정답이 맛은 아니다.

1등 식당, 흔히 말하는 줄 서는 대박 식당들은 손님들이 미처 생각지 못한 불편이나 개선해야 하는 점들을 미리 알아채고 해결해준다. 그것을 위해서는 고객의 두 가지 욕구를 반드시 알아야 하는데 바로 니즈(needs)와 원츠(wants)다.

니즈란 필요한 것을 가지려는 욕구고, 원츠란 기본적 욕구와 무방하게 없어도 되지만 갖고자 열망하는 것이다. 쉽게 설명하면 중식당의 니즈는 단무지, 양파, 짜사이, 식초, 간장, 김치 정도고, 삼겹살집의 니즈는 쌈장, 고기를 익힐 불, 쌈채소 등 한상 차림이라고 생각하면 된다. 식사를 하기 위한 기본적인 것들이 니즈다.

원츠는 짬뽕 국물이 옷에 튀는 것을 막아주는 앞치마, 자칫 긴 머리가 국물에 들어가거나 식사하는 데 방해가 될까 봐 마련해둔 머리끈, 치킨을 집을 때 사용하는 손가락 비닐장갑, 고기 냄새가 옷에 배지 않도록 마련해둔 개인 옷장(사물함) 같은 것들이다. 원츠는 손님의 입장이 되어봐야 알 수 있다.

손님이 되어야 알 수 있는 것들을 준비하라

대부분 식당들은 고객의 니즈를 충족한다. 그러나 많은 식당들이 고객의 원츠를 해결하지 못하고 있다. 원츠는 불편한 점, 개선되었으면 하는 고객의 욕구다. 하지만 고객들은 그런 것들을 잘 말해주지 않는다. 그래서 식당은 그런 욕구가 있는지조차 모르거나 눈치채지 못한다.

니즈만으로 고객을 감동시킬 수 있는 시대는 지났다. 원츠를 찾아서 고객이 열망하는 욕구를 해소해주어야 감동하고 누군가에게 공유하고 기꺼이 입소문을 낸다.

여기서 놓치지 말아야 하는 것이 바로 '열망'이라는 단어다. 직접 말하지는 않지만 열렬하게 바라는 것이 불편과 개선해야 할 점이다. 그렇다면 결론은 나왔다. 고객이 열렬히 바라고 있지만 말하지 않는 속마음을 알아채서 먼저 선수 치는 것이다.

이렇게 되면 마법 같은 일이 벌어진다. "와~!"라는 외마디 감탄이 절로 나온다. 감탄을 만들어낼 원츠를 찾아내는 방법은 간단하다. 끊임없는 관찰이다. 신경을 곤두세우고 손님을 관찰해야 한다. 내가 찾아낸 첫 번째 원츠는 여성 손님의 긴 머리였다. 고개를 숙이고 식사할 때 긴 머리가 방해된다. 국물에 빠질 수도 있으니 긴 머리카락을 한 손으로 잡고 먹기도 한다. 그래서 머리끈을 준비했다. 머리끈이라기보다 그냥 색색의 얇은 고무줄에 더 가까웠다.

투명 통에 담아 테이블마다 비치해두었지만 뭔가 부족한 느낌이 들었다. 그래서 좀 더 품질 좋은 머리끈을 준비했다. 조금 정성을 추가해서 일일이 낱개 포장을 했다. 여기저기서 "와~!"라는 외마디 감탄사와 함께 사진을 찍어 누군가에게 공유하는 모습이 연출되었다. 개당 원가 30원짜리 머리끈으로 "이 집 장사할 줄 아네"라는 칭찬을 들었다.

손님의 원츠보다 늘 반 발 더 나아가라
나는 여기에 그치지 않고 계속 촉을 세우고 관찰했다. 이번에는 앞치마였다. 식당에서 고객들이 걸치는 앞치마는 주류회사에서 무료로 준다. 앞면에 술 이름이 프린트되어 있는 빨간색 또는 초록색 앞치마다. 기능상 아무 문제 없지만 고객이 열망하는 원츠가 해결되기는 어렵다. 똑같은 앞치마가 앞집에도 있고 옆집에도 있다.

이보다 더 문제는 위생이다. 자주 세탁을 한다고 해도 얼룩이 남아 있게 마련이다. 자칫 손님의 기분을 상하게 할 수 있고 그러면 재방문은 없을 것이다. 그래서 식당 로고가 새겨진 위생적인 일회용 앞치마를 예쁘게 접어 머리끈과 함께 드렸다.

이렇게 되면 고객의 머릿속에서는 무슨 일이 벌어질까? 비교다. 지금까지 가봤던 중식당들과 비교하는 것이다. 다른 중식당에서 경험해보지 못한 경험들은 기억에 오래 남는다. 감동과 감탄으로 자극을 받았기 때문이다. 좋은 경험은 재방문 확률을 높인다.

니즈와 원츠에 대해 더 깊고 넓게 이해하려면 책 몇 권을 써도 모자라다. 이 책의 목적은 어렵게 쓰는 것이 아니다. 비범한 장사 전략과 전술을 깨우치기보다 잘되는 식당의 장사 방법을 누구나

● 천안짬뽕작전에서 제공되는 일회용 앞치마와 머리끈. 고객이 식당에서 느끼는 불편한 점을 제거하고 보완하려면, 신경을 곤두세우고 끊임없이 관찰해야 한다.

실천하고 따라 할 수 있도록 쉽게 풀어내는 것이 목적이다. 방대한 니즈와 원츠는 이 정도만 알고 이해해도 충분하다.

고객이 말하지 않는 원츠를 알아내는 비밀은 관찰에 있다. 우리 식당에 머무는 동안 고객에게 어떤 일이 벌어지고 있는지 끊임없이 살펴봐야 한다. 때론 모르겠다 싶으면 과감하게 물어보는 것도 방법이다. 두 가지 원츠를 해결했을 뿐인데 엄청난 결과를 가져다주는 신호탄이 되었다.

원츠에 집중하자 나만의 전략이 보였다

머리끈과 위생적인 일회용 앞치마의 반응은 폭발적이었다. 칭찬을 아끼지 않았다. 재방문율이 높아졌고 입소문을 듣고 오시는 손님들도 상당히 늘어났다. 손님을 기분 좋게 만드는 것이 음식의 맛과 식당에 대한 호감도를 가파르게 높인다는 것을 매일 두 눈으로 확인하는 날들이었다.

원츠는 결국 남들 다 하는 흔한 서비스 말고 숨겨진 서비스를 찾아내서 제공하는 것이다. 마치 눈에 보이는 것은 작은 빙하지만 그 아래 아주 커다란 빙하를 발견하는 것과 같다. 나는 그 원츠에 집중한 결과 나만의 새로운 서비스 전략을 만들었다. 바로 '누구나 서비스'와 '선택적 서비스'다.

'누구나 서비스'는 식당을 방문한 모든 손님들에게 똑같이 제공되는 서비스를 말한다. 예를 들어 추가 비용 없이 곱빼기를 제공하는 것이나 후식과 양심우산이 해당한다. '선택적 서비스'는 특정 손님이나 특정 상황에 해당하는 손님들에게만 제공하는 서비스를 말한다. 예를 들면 SNS 이벤트와 리뷰 이벤트 참가자 또는 당첨자에게 제공하는 것이다.

'더 많은 혜택을 제공해서 가치를 높여야 한다'는 것은 입증된 이론이다. 식당에서 서비스(혜택)를 제공하려면 결국 비용이 증가한다. 따라서 '이렇게 퍼주고 뭐가 남지?'라는 두려움 때문에 시도조차 해보지 못한다.

그래서 나는 이미 고객에게 더 많은 것을 제공하기 위해 식당이 손해를 보지 않고 손님이 '이 식당 오길 잘했어'라고 느낄 수 있는 가치비라는 새로운 개념을 만들어 적용했다. 원츠를 해결하기 위한 비용은 이미 가치비에서 충당했다. 지금은 열다섯 가지 혜택이 제공되고 있으며 아직도 더 많은 혜택을 드리고자 업그레이드를 멈추지 않는다.

가치비를 더해 음식 가격을 올리면 모든 손님에게 적용되지만 열다섯 가지의 혜택을 전부 제공받고자 하는 손님은 없다. 손님 한 사람당 많아야 한두 가지거나 아무것도 원하지 않는 손님들도 많다. 이것은 어려운 수학이 아니다. 더하기 빼기 수준이다. 무조건 식당이 손해 보지 않는 공식이다. 어렵지 않은 공식을 깨우치면 더 많은 것을 제공할 수 있는 능력이 생긴다.

나도 처음부터 이렇게 많은 혜택을 제공하지는 못했다. 손님에 대한 끊임없는 관심을 가지고 불편한 점은 없는지 지속적인 관찰을 통해 하나씩 혜택을 늘려나갔다. 흔한 동네 중국집에서 짜장면 한 그릇을 먹더라도, 2,000원짜리 어린이 짜장을 먹더라도 동등하

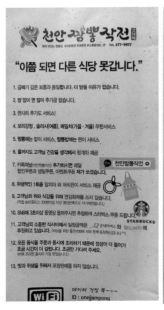
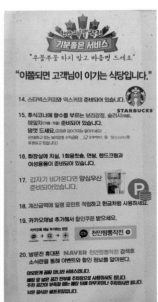

- 이 모든 혜택을 전부 제공받으려는 고객은 없다. 많은 혜택이 제공되고 있다는 점에 놀라고 어떤 혜택을 제공받을지 선택한다.

게 제공된다. 카운터에 대리운전 홍보용 사탕을 놓아두는 식당과 스타벅스 커피를 주는 식당이 있다. 당신이라면 어느 식당에 가겠는가?

🔥 화끈하게!
유니크하게 판다

후식은 후하게!

이제 내게 남은 선택지는 명료했다. 가치를 느낄 수 있도록 하는 가치비를 가지고 손님의 열망이 가득 담긴 원츠(욕구)를 해결해 나가는 일이었다. 식사를 하고 나가는 손님들에게 "감사합니다", "고맙습니다"라고 인사하는 것만으로는 부족하다. 식당 문을 나가는 그 순간까지 기분 좋고 맛있게 먹었다고 느낄 수 있는 것이 없을까 고민하다 찾은 것이 후식 제공이었다. 대리운전 업체에서 주는 홍보용 사탕을 카운터 앞에 놓아두는 것 대신에 손님이 가치를 느낄 만한 후식 코너를 만들기로 했다.

이때까지만 하더라도 후식이라고는 자판기 믹스커피밖에 없었다. 나는 그 옆에 큰 통을 놓아두고 달콤한 보리강정을 가득 채웠다. 식사를 마치고 나가다 편하게 드시라는 뜻을 담았다. 구수하

● 보리강정을 편하게 드실 수 있도록 후식 코너에 마련했다. 식사를 마치고 가시는 손님들의 만족도가 기대 이상이었다.

고 달콤한 보리강정은 꽤 인기가 좋았다. 조금 팔 수 없냐는 분들이 많아 작은 봉지에 소분해서 한 봉지에 2,000원으로 판매했더니 그것조차 인기 만점이었다.

후식 코너를 만들자 너무 반응이 좋았다. 좋아하는 손님을 보고 있자니 이건 마약이나 다름없었다. 더 즐겁게 해드려야 한다는 생각이 꼬리에 꼬리를 무는 것이다.

"사장님 식당에는 납품할 수 없어요"

마침 여름이 다가오고 있어서 갈빗집에서 보았던 아이스크림을 제공하기로 하고 수소문 끝에 업체에 전화했다가 황당한 소리를 들었다.

"사장님 식당에는 납품할 수 없어요. 제가 사장님 식당 건너편 중식당에 납품하고 있는데, 거기 사장님이 천안짬뽕작전하고 거래하면 자기는 거래하지 않겠다고 해서서……. 죄송합니다.”

어이없고 황당했다. 더 황당한 건 업체가 독점 대리점이라는 것이다. 거기가 아니면 납품받을 수 없었다. 하지만 물러설 내가 아니었다. 무더운 여름을 시원하게 해줄 아이템이 아이스크림뿐일까? 순간 생각이 번뜩 떠올랐다. ‘얼음! 그래, 얼음이다!’

나는 곧장 ‘얼음 슬러시’를 떠올렸다. 더운 여름에는 아이스크림만큼 시원하고 깔끔한 얼음 슬러시가 제격이었다. 주말에는 가족 손님이 많아서 아이들이 좋아할 테고 아이스크림보다 원가도 훨씬 저렴했다. 3,000원어치 과일 슬러시 원액 한 병이면 수백 명이 먹을 수 있었다.

후식 코너 옆에 여름철 무더운 더위를 식혀줄 슬러시 기계까지 마련했다. 치졸한 방법을 쓰는 경쟁자들의 코를 납작하게 해줄 묘수로 길가는 사람 누구나 슬러시를 드시라고 현수막을 내다 걸었다.

슬러시 원가는 해봐야 몇십 원이다. 손님들 반응도 좋았고, 무엇보다 동네 주민과 많은 사람들이 식당에 들러서 슬러시를 먹고

● 무더운 여름 돈 주고 사 먹는 슬러시를 무료로 제공해줌으로써 경쟁자도 따돌리고 좋은 식당이라는 두 마리 토끼를 잡았다.

고 우리 식당을 특별하게 기억해주었다.

"사장님, 슬러시 먹어도 돼요?"

"네! 마음껏 드세요."

가게에서 무료로 제공한 슬러시를 한 번이라도 맛본 분들은 어김없이 가족을 데리고 찾아왔다. 상권에서 인심 좋은 식당으로 소문도 나고 경쟁자들에게는 내 방식대로 '본때'를 보여준 셈이었다.

물까지 신경 쓰는 식당

점심시간과 저녁시간이 되면 거리를 지나다니는 사람들의 손에 슬러시가 들려 있었다. 매일매일 그런 모습이 연출되는 여름이 지나고 찬바람이 부는 겨울이 왔다. 슬러시는 내년 여름에 다시 선보이기로 했다. 날이 차가워지자 슬러시 기계가 치워진 자리에는 물 온도 조절이 되는 큰 통을 놓아 따뜻한 메밀차를 준비해두었다.

많은 식당에서 겨울에도 차가운 물을 내놓는다. 나도 마찬가지였다. 조금 연세 드신 분들은 따뜻한 물을 찾는데 메밀차가 그런 손님들의 '원츠'를 해소해주었다. 후식 슬러시 열풍을 메밀차가 그대로 이어받았다.

원츠를 찾아서 해결하다 보니 일반 생수 대신 남다른 서비스를 제공하고 싶었다. 생수 말고 더 건강한 물이 없을까 고민하다 헛개차를 생수 대신 드리기로 했다.

추운 겨울, 여성 손님의 무릎을 책임집니다

젊은 손님이 늘어나자 남녀 커플들도 많이 방문했다. 추운 겨울이었는데 옷차림이 얇아서 추워 보이는 젊은 층의 여성 손님이 점차 눈에 띄었다. 식당 내부는 난방기 가동으로 항상 따뜻했지만 짧은 치마를 입고 온 여성 손님의 추위를 단번에 해결하기에는 시간이 걸렸다.

나는 이 문제를 해결하고 싶었다. 내심 '이 부분을 해결하면 손님에게 100퍼센트 칭찬 듣고 엄치척 받는다'라고 생각했다. 그뿐만 아니라 SNS에 좋은 경험을 입소문 내고 좋은 리뷰까지 달릴 수 있었다. 나는 이런 것이야말로 열망하는 욕구가 있는 '원츠'라고 생각했다.

문제를 해결하기로 마음먹자 아이디어가 떠올랐다. 곧장 뽀송뽀송한 무릎담요를 준비했다. 그러고는 옷차림이 짧은 여성 손님에게 "무릎담요 드릴까요?"라고 물었다.

담요를 무릎에 덮는 순간 이미 게임 끝이다. '이 식당 최고야!'라는, 음식을 더 맛있게 느끼는 원리가 손님의 머릿속에서 작동되는 순간이다.

믹스커피 대신 원두커피!

대한민국 사람들은 커피를 무척 좋아한다. 오죽하면 커피 공화국이라는 별칭이 있을까. 그에 비해 식당에서 서비스로 제공하는 자판기 믹스커피는 그다지 인기가 없었다. 적어도 내가 보고 느끼기에 그랬다. 나도 외식을 하면 식당에서 제공하는 믹스커피는 먹지 않고, 근처 카페에 가서 제대로 된 커피를 마신다.

그런 생각으로 우리 식당을 둘러보니 한자리를 차지하고 있는 믹스커피 자판기가 그렇게 맥없어 보일 수가 없었다. 더 좋은 방법이 없을까? 이 점을 해결하기 위해 뇌가 빨리 움직였다. 내가 생각한 것은 '믹스커피' 대신 '원두커피'였다! 당장 커피메이커를 사서 오픈 시간에 향 좋은 커피를 내려두었다.

그런데 손님들의 반응을 살필 겨를도 없이 문제점이 바로 나타났다. 관리하기가 쉽지 않았다. 커피메이커의 유리병이 너무 쉽게 깨지는 탓에 한 달에 두 번이나 교체를 해야 했다. 더구나 방금 내린 커피는 향도 좋고 마실 만하지만 시간이 지난 커피는 향도 없고 그저 따뜻한 검은색은 물에 가까웠다. 아무리 좋은 원두를 사용해도 해결될 문제가 아니었다. 근본적으로 바꿔야 했다.

고민 끝에 커피메이커에서 커피 머신으로 교체하고 '갓 내린 커피'를 제공하기로 했다. 그리고 '갓 내린 커피'라는 슬로건과 철학으로 커피 시장을 선도한 스타벅스의 원두를 사용하기로 했다.

짬뽕집에 스타벅스 커피라니

사람들은 스타벅스 커피를 맛뿐 아니라 멋으로도 마신다. 그런 스타벅스 원두로 '갓 내린 커피'를 제공하자 곧바로 비교 대상이 없는 식당이 되었다. 스타벅스 매장에 가면 4,500원 하는 아메리카노를 천안짬뽕작전에서 식사한 손님들에게는 무료로 제공한다. 여름

● 커피머신으로 교체하고 스타벅스 원두를 제공하자 손님이 느끼는 가치는 비교 대상이 없을 정도였다.

에는 시원하게 아이스 아메리카노를 만들어 드시라고 제빙기까지 갖추어 완벽한 후식 코너를 완성해나갔다. 아마도 대한민국 최초로 짜장면과 짬뽕을 먹으면 스타벅스 커피를 제공하는 식당일 것이다.

모든 비용은 가치비에서 해결 가능했다. 식당이 손해 보지 않고도 경쟁자들이 넘볼 수 없는 후식 코너와 추가 금액 없는 곱빼기 가격과 몇 몇 혜택을 제공했을 뿐인데 손님들은 계산하면서 이렇게 말한다.

"이렇게 퍼주고도 남아요, 사장님?"

이런 말이 나오는 때야말로 손님을 단골 고객으로 만들고 충성 고객을 넘어 우리 식당 팬으로 만들어버리는 순간이다.

포인트 적립, 작은 가게도 가능하다

많은 기업들이 고객이 지불한 금액의 일정 부분을 되돌려주는 포인트 적립 서비스를 제공한다. 적립 서비스를 처음 시작한 것은 1981년 미국의 아메리칸항공의 마일리지 적립이다. 점차 이 서비스가 벤치마킹되어 지금의 포인트 적립 서비스가 되었다. 대기업이니 가능한 일이겠거니 생각했다. 도입하고 싶었지만 '나 같은 소상공인들이 저런 시스템을 어떻게 갖추겠어' 하고 깊이 생각한 적도 없다.

어느 날 외식 관련 매거진 〈월간식당〉과 〈외식경영〉에서 일반식당에서도 포인트 적립 서비스가 가능하다는 기사를 보고 바로전화를 걸어 문의하고 설치했다. 많은 고민을 하지 않고 바로 실행할 수 있는 결단력은 손님에게 이득이 되는 가치 제공은 반드시 좋은 결과를 준다는 확신에서 나온다. 식당에서 소비한 금액에서 일정 부분을 현금처럼 적립하고 되돌려준다는데 싫어할 고객이 있을까.

2,000포인트가 모이면 현금처럼 사용할 수 있도록 했다. 어쩌

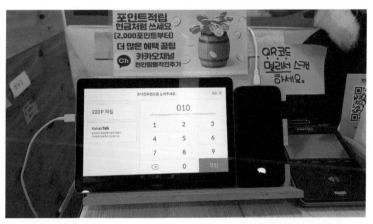

● 일정 부분을 포인트로 돌려주고 2,000포인트가 모이면 현금처럼 사용할 수 있다. 우리는 유료인 도도포인트를 사용하고 있지만 지금은 무료로 포인트 적립 서비스를 제공하는 업체가 상당히 많다.

면 많은 식당 사장님들은 이렇게까지 해야 하나 싶은 생각이 들지도 모른다. 하지만 모든 손님이 포인트를 적립하지는 않는다. 적립하지 않는 손님도 있다. 젊은 손님들은 10명 중에 3~4명은 적극적으로 적립하고 남성보다는 여성들이 많다. 그리고 중년 이후로는 거의 적립하지 않는다.

전전긍긍하면 아무것도 할 수 없다. 대형 항공사도 살아남기 위해 마일리지를 적립해준다. 작은 식당은 살아남기 위해 뭘 하는가? 많은 식당들이 음료수는 그렇게 많이 서비스하면서 몇십 원밖에 안 되는 포인트 적립을 고민하며 손해라고 생각한다. 남들 다 주는 음료수 서비스 대신 포인트 적립을 하면 고객을 한 번 더 오게 만들 수 있다.

양심우산을 빌려드립니다

갑자기 소나기가 쏟아지면 손님들에게 우산을 빌려준다. 이것만은 무조건 따라 했으면 하는 서비스다. 식사를 하는 동안 비가 올 확률, 우산이 없어 비를 맞고 가야 하는 확률이 몇 퍼센트나 될까? 이것은 도무지 예측할 수 없는 일이다. 그래서 우산을 빌려주기로 했다.

우리 식당에는 양심우산 서비스 문구가 적혀 있다.

'느닷없이 비가 내리면 양심우산을 빌려가세요. 우산을 반납해주시면 보리강정 1봉지를 드립니다.'

비가 올 확률이 전혀 없는 햇빛 쨍쨍한 날씨에도 이런 문구와 우산을 보면 마음이 든든해지면서, 식당에 대한 호감도가 상승한다. '저희 식당은 오직 손님만 생각합니다'라는 신호로 받아들이기 때문이다. 그래서 손님의 머릿속에 우산 빌려주는 식당으로 오랫동안 남는다. 동네마다 있는 다이소에 가면 비싸야 3,000~5,000원이다. 다섯 개 정도만 사놓으면 된다. 식사 중에 비가 내려서 우산을 빌려갈 확률은 0.001퍼센트도 안 된다.

● 양심우산은 재미있기도 하지만 손님을 생각하는 마음을 전달할 수 있으니 무조건 따라 하길 강력하게 권한다.

우리 가게엔 웰컴 국물이 있다

손님은 욕심쟁이다. 서비스로 드리다 이제는 으레 주는 것으로 자리잡은 것이 중식당의 군만두와 짬뽕 국물이다. 대한민국 중식당의 군만두는 언제부턴가 이름이 '서비스'가 되었고, 짬뽕 국물은 손님이 달라고 하면 '언제든 군말 없이 줘야 하는 국물'이 되었다. 손님들은 이 두 가지를 당당하게 요구한다.

어떤 짬뽕 프랜차이즈 식당에는 '짬뽕 국물은 제공되지 않습니다'라고 써 붙여놓기도 했다. 하지만 나는 그럴 만한 배짱이 없다.

국물 조금 내주는 것이 아까워서 그런 것이 아니다. 문제는 모든 음식은 미리 만들어두지 않기 때문에 서비스 국물을 별도로 조리해야 한다는 것이었다. 물론 주문으로 들어온 짬뽕을 조리하다 남은 국물을 드릴 수도 있지만 남지 않을 때도 있다. 바쁜 와중에 서비스 국물을 조리하려면 주방 동선이 더 꼬인다.

답은 가족들과 여름휴가를 보내려고 찾은 리조트에 있었다. 체크인하고 들어선 객실 침대 위에 놓인 '웰컴 드링크'를 보고 나는 유레카를 외쳤다. 휴가를 마치고 바로 식당으로 달려가 '웰컴 국물'을 만들었다.

큰 통에 가쓰오 우동 국물을 채우고 그 옆에 건더기 수프를 준비해두었다. 손님들은 누구나 가져다 먹을 수 있다. 손님은 국물을 서비스로 달라고 할까 말까 고민하며 눈치 볼 필요 없고 나는 주방 동선이 줄었다. 아이 어른 할 것 없이 모두 편하게 먹을 수 있는 국물이다. 음식을 기다리는 동안 에피타이저로 먹어도 손색없다. 웰컴 국물은 모든 식당에서 응용 가능하다. 마음만 먹으면 누구나 할 수 있다.

손님에게 더 내주는 것에 인색한 식당들이 많다. 내가 손

● 짬뽕 국물을 대신하기도 하지만 무엇보다 손님들이 편하게 먹을 수 있게 만들어놓았고 거기에 환영한다는 뜻으로 '웰컴'이라고 이름을 붙였다.

해를 본다고 생각하기 때문이다. 하지만 나는 이미 모든 비용을 가치비로 해결할 수 있다는 것을 입증했다. '우동 국물 원액,2킬로그램 5,000원+건더기 우동 스프 4,400원=9,400원'이면 한 달 동안 서비스할 수 있다. 큰 금액이 결코 아니다. 게다가 박스 단위로 구매하면 원가는 더 내려간다.

한 달에 1만 원으로 이만한 가치와 혜택을 제공하지 못한다면 장사로 성공하기 어려울 것이다. 수없이 많이 서비스하는 공깃밥 하나, 식사 금액에서 자투리 금액을 면제해주는 서비스가 모두 합쳐서 한 달에 몇만 원은 될 것이다. 문제는 그렇게 서비스하고도 손님의 기억에 남지 않는다는 사실이다. 서비스도 티를 내거나 생색을 내야 감동하고 기억에 남는 법이다.

우리 식당을 유니크하게 판다는 것의 의미는 별다르지 않다. 고객에게 대접받았다는 느낌을 줄 수 있는 차별화된 서비스, 고객의 원츠를 적극 공략해 마련한 발 빠른 서비스와 배려다.

음식에 깃발을 달고
이름표를 붙여라

좋은 점도 알리고, 재미도 있고, 인증샷거리도 된다

　장점을 드러내고 알리는 많은 정보들이 식당 구석구석에 포진해 있지만 손님의 머릿속에 단번에 각인시키고 싶었다. 식재료에 대한 장점 또는 지금 드시는 음식이 어떻게 만들어졌는지 스토리를 더 오래 기억하도록 만들고 싶었다. 그런 고민을 해결하기 위해 음식에 이름표를 달아주고 깃발을 세우기로 했다.

　적어도 대표 메뉴에는 더 힘을 실어줄 필요가 있었다. 어떤 특징이 있고, 어떻게 만들어진 음식인지를 한 번 더 알려서 기억하게 만드는 것이다.

　깃발의 앞면과 뒷면에 음식 정보를 제공하면 오래 기억에 남길 수 있다. 깃발을 응용하는 방법은 정말 많다. 예를 들어 우리 가족이 한우고기가 먹고 싶을 때 자주 가는 단골 고깃집이 있다. 한우

● 돌짜장 면의 장점을 깃발로 알릴 수 있다. 손님에게 재미도 주고 시선 끌기에도 아주 좋다.

모둠 세트와 돼지 특수부위 모둠 세트는 여러 부위가 조금씩 담겨 있어서 각기 다른 고기의 식감을 맛볼 수 있어서 좋다. 그런데 매번 먹을 때마다 조금 아쉬운 부분이 있었다. 지금 먹는 고기가 치맛살인지 안창살인지 볼떼기살인지 궁금하다. 그래서 종업원이나 사장님을 불러서 물어본다. 깃발을 이용해서 손님의 궁금증을 모두 해결해주고 덤으로 재미를 느낀 손님이 SNS에 홍보해주는 효과가 있으니 모두 따라 해볼 만하다.

지금 먹고 있는 고기가 어떤 부위인지만 알려줘도 서로 다른 맛과 질감을 비교하면서 먹으니 오래 기억에 남는다. 횟집도 깃발과 이름표를 얼마든지 활용할 수 있다. 끊임없이 드러내자. 정보는 곧 콘텐츠다. 자극적인 콘텐츠는 기억에 오래 남는다.

● 부산 '화남정돼지국밥'. 푸짐하게 만들게 된 사연을 알려주면서 스토리텔링 역할을 충분히 하고 있다.

●● 울산 '두루집'(현재는 없어졌다)의 고기 세팅 모습. 고기 부위를 이름표로 알려주면 고객은 더 많은 정보를 제공받고 먹는 재미도 배가 된다.

●●● 대구 '후포회수산' 세팅 모습. 모듬회 생선의 이름과 생김새를 사진으로 보여준다. 손님들의 궁금증도 해소하고 이야깃거리도 주니 기억에 오래 남는다.

260

살아남는 식당이 강한 식당이다

지금까지 장사가 어려웠다면, 그래서 이 책을 보게 되었다면 이제 결정하기만 하면 된다. 이제는 지금까지와 다르게 장사해보는 것이다. 큰 성과 없이 버텨왔다면 앞으로는 실행을 통해서 선택과 집중을 해보자.

물론 이런 과정이 쉽다고 말하는 것이 아니다. 시간이 필요하다. 작은 결과들이 쌓이고 쌓이면 진정한 무패 장사, 무패 식당이 된다. 바꾸려는 노력 없이는 아무것도 바뀌지 않는다. 무엇이든 시도해본 것에 대한 결과와 보상은 분명 나타나게 마련이다. 내가 그것을 증명했으니까.

책을 마치며

식당 오픈 시간은 오전 11시 30분이지만 언제부턴가 매일 아침 오픈 전 식당 앞에는 삼삼오오 오픈을 기다리는 손님들이 있다. 주말은 오픈을 하고 채 5분도 안 되어서 만석이 될 때가 많다. 대표 메뉴는 돌짜장과 돌짬뽕, 두 가지가 전부다. 하물며 배달과 포장 판매는 하지 않는다. 그런데도 오픈과 동시에 대기(웨이팅) 줄이 생기고 점심 장사 3시간 만에 기백만 원 넘는 매출을 올린다. 그것도 모두가 어렵다는 코로나 시국에 일어나는 일이다.

몇 년 전까지만 해도 상상하지 못한 일들을 매일같이 경험하고 있다. 하루 짜장면 한 그릇도 못 팔던 날도 있었고 하루 매출 20만 원을 올리는 게 소원이었던 적도 있다. 지금의 바쁜 식당을 보신 분들은 설마 하지만 오랫동안 찾아주는 손님은 우리 부부만큼이나 식당의 역사를 잘 알고 있다. 그땐 식당이 망하면 내 인생도 끝이라고 생각했다. 그 절박함이 하루 20만 원의 매출을 목표로 세우고 밤새워 책을 보고 공부하고 나를 성장시키는 원동력이 되었다.

식당이 잘되고 안 되고는 아주 작은 차이에서 시작된다. 하지만 많은 식당이 그걸 몰라 안타깝게도 쉽게 포기하고 빚을 지거나 어려운 상황에 처한다. 글을 쓰고 책을 출간하는 목적은 오직 그때의 나와 같이 벼랑 끝에서 살아나고자 하는 분들에게 성공하는 작은 차이를 알려주기 위해서다. 좋은 것은 나누어야 한다는 식당의 경영 원칙인 이타심이 작동한 것이다.

책을 마무리하는 맺음말이지만 포기하지 말고 작은 실행이라도 좋으니 꼭 하길 바라는 마음에 중요한 몇 가지를 더 당부하고 싶다.

비평보다는 전략가가 되어야 한다

비평은 누구나 할 수 있다. 하지만 어떻게 해야 하는지를 모르고 하는 비평은 모든 성장을 방해한다. 이건 이래서 안 되고 저건 저래서 안 되고 하는 식의 비평을 할 줄 아는 사람은 많다. 하지만 대안을 제시하거나 생각하는 사람은 드물다.

비평보다 나라면 어떻게 실행할 수 있는지 '방법(How to)'과 자신의 식당에 어떻게 대입하고 적용할 수 있을까만 생각해야 한다. 자신과 식당(사업)을 성장시키는 비결은 비평보다 자신의 상황에 맞는 대안을 끊임없이 고민하며 만들어가는 전략이다. 전략가가 되는 것은 어려운 일이 아니다. '어떻게'라는 생각을 하는 순간부터 전략가가 되는 과정이다.

'어떻게 하면 실현 가능할까?' 하는 방법은 긍정적인 생각과 노력에서 나온다. 대안 없는 비평은 신이 만든 상품에도 비판할 수 있다. 이것이야말로 무지하고 어리석은 행동이라는 점을 명심해야 한다.

조금씩 작은 성공을 누적시켜라

처음부터 큰 성공을 기대하지 말아야 한다. 지금의 삼성그룹도 국수 파는 작은 점포부터 시작했고, 애플은 차고에서, 아마존은 초라한 작은 사무실에 컴퓨터 한 대를 가지고 시작했다. 작은 실행을 통해 얻은 결과가 하나씩 쌓이고 쌓여서 지금의 글로벌 기업이 만들어졌다. 작은 성공이 겹겹이 쌓여야 큰 성공을 이룰 수 있다. 조급해하지 말고 작은 것부터 실행하고 시도해 자신의 성공 노하우를 쌓는 것이 중요하다.

준비는 10퍼센트면 충분하다, 일단 시작하자

처음부터 완벽하려고 하지 말아야 한다. 작은 실행들이 예상하지 못한 결과를 만들어낼까 두렵다. 그래서 조금 더 많은 준비와 고민을 하게 된다. 하지만 그렇게 한다고 해도 두려움이 완벽히 사라지지 않는다. 처음부터 완벽한 건 이 세상에 없다. 실행을 해야 결과를 얻을 수 있다. 결과를 보고 수정과 보완을 거쳐 비로소 나만의 성공 전략을 가질 수 있다.

모든 준비는 10퍼센트면 충분하다. 출발선에서 아무리 준비를 많이 해봐야 금방 목적지에 도착할 수 없다. 준비된 10퍼센트부터 한 걸음 내딛자. 일단 출발하면 목적지에 도착하게 된다.

아무것도 안 하면 아무것도 변하지 않는다

지금은 전혀 희망이 없어 보이고 절대로 불가능해 보이는 상황에서 포기하거나 끝이라고 생각하시는 모든 분들에게 전하고 싶은 것이 있다. "아무것도 안 하면 아무것도 변하지 않는다." 이것은 절망 속에서도 나를 다시 일어서게 하는 나의 신념이다. 자신을 믿고 해보는 것이다. 그래야 원하는 것을 얻을 수 있다. 이 책을 읽었다는 것만으로 10퍼센트의 준비는 된 셈이다. 시작하지 않으면 바뀌는 건 아무것도 없다.

간곡히 부탁하고 싶은 말은 이 책을 제발 험하게 다루어달라는 것이다. 밑줄도 치고 메모도 하고 중요한 페이지는 과감히 책 모서리도 접고 가방 속이나 책상 위가 아닌 설거지하는 식당 싱크대 옆도 좋고 튀김기 옆도 상관없다. 주방이든 카운터 포스기 옆이든 쉽게 눈길이 가고 꺼내 볼 수 있는 곳에 놓고 보길 바란다. 물에 젖고 기름에 얼룩지고 너덜거리는 책이 되었다면 내가 얼마든지 새 책으로 다시 줄 수 있다. 이 책은 그렇게 보는 책이다.

포기하지 마라! 오늘부터 시작이다.

감사의 말

이루어지지 않을 것 같은 작은 바람이 있었다. 힘들어하는 소상 공인들과 무엇보다 나와 같은 어려움을 겪고 있는 식당 사장님들에게 도움 되고 싶은 책을 쓰고 싶었다. 이 생각을 실행에 옮기는 과정에서 나의 이야기를 귀담아 들어주고 관심 가져준 라온북 조영석 소장님과 《이젠, 책쓰기다》를 만나게 된 것은 나에 인생에서 큰 변곡점이 되었다.

할 수 있다는 용기와 힘, 격려를 주신 것에 감사드리며 2021년 6월에 첫 집필을 시작해서 12월에 모든 원고를 썼고 그 과정에서 나의 거친 글들을 항상 꼼꼼하게 잡아주고 안내해준 출판부에 깊은 감사의 마음을 전한다.

원고를 집필하는 과정을 주변인들에게 숨기고 싶었는데, 어쩌다 내가 아끼는 사람들에게 들통이 나서 어색하고 부끄럽기도 했다. 그래도 그분들의 응원과 격려가 정말 큰 힘이 되었다.

나와 거리는 멀지만 외식업이란 의리 하나는 대한민국에서 가장 진국인 통영의 '통영해물가' 황진국 대표님과 언제나 반갑게 맞이해주시는 박지연 형수님. 후배지만 늘 좋은 긍정에너지를 주는 임광민 님. 나에게 늘 언제나 형님이라는 호칭과 함께 깍듯하게 하고 내가 더 배울 점이 많고 서울에서 가장 핫한 '스시도쿠'와 '카미동'을 경영하는 손영래 대표님. 늘 정겹고 구수한 사투리로 나를 응원해주는 부산 50년 전통 '삼송초밥'을 이끌어가고 있는 똑똑한 주강재 대표님. 같이 공부하고 강의 듣고 피곤하지만 항상 나를 서울역까지 데려다주는 '덕수궁 리에제 와플' 현명숙 대표님. 언제나 방문해도 싫은 내색 하나 없고 맛있는 커피를 내어주는 '코페아커피' 강영주 대표님. 언제부턴가 악수가 아닌 허그로 나를 반갑게 맞이해주는 홍대 가장 맛있는 '연남쌀국수 뚯' 김민우 대표님. 나와 같은 간절함으로 공부라는 작은 점으로 만나 선을 이루고 면을 만들어 가고 있는 광주의 한식 요리에 인생을 걸고 하는 유학파 '온고당' 임홍철 대표님. 수원을 시작으로 대한민국 삼계탕에 한 획을 남길 '백세삼계탕' 오세경 님. 양평에서 바베큐와 힐링의 기준을 새로 만들어가고 있는 '대디스바베큐'의 우상희 님. 지금은 잠시 숨 고르기를 하는 조진웅 님. 모두의 응원과 격려가 없었다면 책을 완성하지 못했을 것이다.

모두에게 감사하고 사랑한다는 말을 꼭 전하고 싶다.

북큐레이션 • 사업 성공과 함께 고객 마음까지 사로잡고 싶어 하는 이들을 위한 책.

《무패 장사》와 함께 읽으면 좋은 책. 불황으로 인해 힘든 상황에서 끝까지 헤쳐나가고자 애쓰는 당신을 언제나 응원합니다.

20평 매장에서
월 1억 원
매출 올리기

장사의 혼(魂)

마숙희 지음 | 16,000원

"속지 마라, 장사는 혼(魂)을 파는 것이다!"
영혼을 담는 것이 장사의 기본

이태원 상권에서 10년 동안 계속해서 사랑받는 매장이 있다. 바로 '야키토리 고우'다. 월 1억 원의 매출을 내며 한 번도 안 와본 사람은 있어도 한 번만 온 사람은 없다는 야키토리 고우. 다양한 예능 프로그램에도 맛집으로 소문이 났다. 이 책은 '야키토리 고우'가 손님들에게 사랑받는 비결과 운영 노하우를 담았다. 어떤 위기가 닥쳐도 흔들리지 않으려면 기본이 단단해야 함을 계속해서 강조한다. 그래서 그 기본을 중심으로 맛을 지키고, 생동감을 팔며, 무엇보다 고객에게 가장 최상의 것을 전하고자 한다.

위기에 빠진
오프라인 매장을
살리는 매출
상승 전략

1회성 고객을 100번 방문 고객으로 만드는 비밀

김현정 지음 | 14,500원

언택트와 콘택트에 다 통하는
숍 비즈니스의 노하우

이 책은 시대에 흔들리지 않고 언택트에 맞는 고객을 사로잡는 방법과 매출 올리는 방법을 끊임없이 공부하고 연구해 성과를 내고 깨달음을 얻은 저자만의 비밀이 담겨 있다. 만약 코로나19로 인해 고객의 발이 끊겼거나, 매출을 위한 마케팅이 어렵다거나, 지속적으로 성공하는 경영 방법을 알고 싶다면 고객을 넘어 직원의 마음까지 사로잡아 처음 온 고객의 재방문율을 높이고 단골 고객으로 만들어 높은 매출을 유지하는 저자만의 특별한 경영 방식을 맛보길 바란다. 빠르게 변해가는 시대에 맞춰 고객의 니즈를 파악해 흔들리지 않는 매출을 경험하라!

행동력 하나로 성공하는 방법

운명을 바꾸는 행동의 힘

유선국 지음 | 14,000원

여전히 생각 속에서만 살고 있으신가요?
지금 당신의 마음속에 잠재된 거인을 깨워드립니다!

'돈 많이 벌고 싶다', '잘살고 싶다', '즐기면서 살고 싶다', 'SNS 사진 속 사람들처럼 여유로워지고 싶다'. 일상을 살아가면서 한 번쯤 해봤을 생각들이다. 하지만 이런 생각이 들 때면 뭔가 설렘보다는 두려움이 먼저 앞선다. 왜일까? 요즘처럼 살아남기 힘든 세상이 없다고 느끼는 우리에게 가장 필요한 건 이 무모해 보일지도 모를 행동의 힘이다. 나를 가장 단단하게 만들어줄 행동의 힘, 그 힘이야말로 꿈은 물론 현실에 맞설 힘과 원하는 만큼의 돈을 가져다줄 것이다. 지금 당장 당신의 바뀔 운명을 위해 행동하라!

코로나19에도 살아남은 사장의 비밀

힘내라 사장

정영순 지음 | 13,800원

성공한 기업의 사장이 되고 싶은가?
실패를 성장의 동력으로 삼고 성장하는 사장이 되는 방법!

이 책은 1985년 첫 사업을 시작해 온갖 고난과 어려움 속에서도 지치지 않고 다시 일어나 현재에도 자신의 사업을 경영하고 있는 저자의 이야기를 담았다. 도매시장, 중개사무소, 갈빗집 등 다양한 사장 경험을 거쳐 지금의 자리를 지켜낼 수 있었던 이유! 대한민국의 모든 사장과 사장이 되고 싶은 이들에게 꼭 필요한 사장의 자리를 지켜내기 위한 노하우와 마음가짐의 총망라! 더 오랫동안 사업을 유지하고 싶다면 이 책이 당신에게 응원과 더불어 에너지를 전달해줄 것이다!